AF467697

De la Connaissance acquise par les tiers d'un transfert de créance non signifié

PAR

Siméon CAMPION

Docteur en Droit

ARRAS
Imprimerie Typ. et Lith. RÉPESSÉ, CASSEL et Cie
19-21, — Rue Pasteur — 19-21

1909

DE LA CONNAISSANCE ACQUISE PAR LES TIERS

D'UN TRANSFERT DE CRÉANCE NON SIGNIFIÉ

De la Connaissance acquise par les tiers d'un transfert de créance non signifié

PAR

Siméon CAMPION

Docteur en Droit

ARRAS
Imprimerie Typ. et Lith. RÉPESSÉ, CASSEL et Cie
19-21, — Rue Pasteur — 19-21

1909

INTRODUCTION

L'article 1690 du code civil, dispose : le cessionnaire n'est saisi à l'égard des tiers que par la signification faite au débiteur ; néanmoins le cessionnaire peut être également saisi par l'acceptation de transport faite par le débiteur dans un acte authentique.

La connaissance acquise par un intéressé d'une cession non signifiée ni acceptée peut elle vis-à-vis de lui tenir lieu de la signification ?

Tel est le problème que nous allons essayer de résoudre

Il paraît impossible au premier abord que cette question puisse être posée ; il semble qu'elle doive être écartée par ce simple syllogisme :

Le cessionnaire n'est propriétaire vis-à-vis des tiers que par l'accomplissement des formalités de l'article 1690. Or, ces formalités n'ont pas été remplies, donc le cessionnaire n'est pas propriétaire vis-à-vis des tiers.

Raisonnement d'une logique impeccable et qui devrait

clore définitivement toute discussion si l'on ne s'était avisé d'envisager le problème sous une autre face.

Les formalités de l'article 1690 a-t-on dit sont destinées à publier la cession ; or, pourquoi prescrit-on la publicité ? Pour porter un fait à la connaissance des intéressés ; mais si ces intéressés sont déjà prévenus, le but de la loi n'est-il pas rempli et est-il dès lors encore nécessaire d'accomplir les formalités légales ?

Vu sous cet angle nouveau, le problème de la connaissance se présente comme un des aspects du conflit entre deux méthodes d'interprétation :

La première se borne à l'analyse logique du texte dont elle étudie grammaticalement les termes ; elle applique ensuite rigoureusement les déductions qui ressortent de cette analyse. Elles peuvent être injustes, contrarier le but poursuivi par le législateur, peu importe, l'on doit entier respect au texte, supporter ses inconvénients comme on bénéficie des avantages qu'il comporte.

La seconde méthode, elle aussi, analyse le texte, mais moins résignée à en souffrir les injustices éventuelles, elle examine les résultats obtenus, et, s'ils ne sont pas conformes à l'équité, elle considère que le législateur, lui même les eut réprouvés s'il les avait prévus. Les rigueurs qui nous répugnent n'étaient pas dans son intention, et les sentiments de répulsion que nous éprouvons lorsque nous voyons une dis-

position blesser le bon sens et l'équité, il les eut éprouvés lui même ; aussi doit on chercher dans les motifs de la loi sainement interprétés à écarter ces résultats que repousse notre conscience.

En d'autres termes, l'on doit étudier non seulement la lettre du texte, mais encore l'esprit de la loi.

Conflit séculaire né avec le droit. Qu'on se rappelle à Rome le prêteur aux prises avec les principes rigoureux du formalisme antique.

Ecoutons Paul : « Contra legem facit qui id facit quod lex prohibet, in fraudem vero qui salvis verbis sententiam legis cercumvenit » (1) *et Théodose* : « Non dubium est in legem committere eum qui verba legis amplexus, contra legis voluntatem nititur » (2).

Et plus près de nous dans notre ancien droit Dumoulin. La loi doit être expliquée par le sens que lui auraient vraisemblablement donné les rédacteurs s'ils avaient été spécialement interrogés sur le cas qui fait la difficulté. In legibus id praevalet quod interrogati statuentes verisimiliter respondissent » (3).

Dans le même sens Domat (4) pose en principe que si

---

(1) Loi 29 De legibus D. 1. 3.
(2) Loi 5. Code De legibus 1. 14.
(3) Sur l'article 113 de l'ancienne coutume de Paris, Gl. 3, n° 1, t. 1, p. 317.
(4) *Lois civiles* livre 1, Section 2, N° 3.

une loi étant appliquée à un cas qu'elle paraît comprendre, il arrive une conséquence qui blesse l'intention du législateur, la règle ne doit pas s'étendre à ce cas.

A l'encontre de ces divers auteurs, d'Aguesseau trouve « qu'il faut être bien scrupuleux pour donner atteinte à une « loi par la seule vue que son motif ne paraît pas avoir lieu « dans certains cas » (1) Pothier (2) suit la même voie et pour la même raison, dans la crainte de voir se multiplier les procès.

Conflit universel aussi qui a pour terrain le droit tout entier mais dont la solution revêt une importance spéciale lorsqu'il s'élève dans les hypothèses où la loi a exigé des formes déterminées pour la perfection d'un contrat.

La question en litige est alors la suivante :

Toutes les fois que le législateur a prescrit des formes en dehors desquelles la volonté des parties ne produit qu'un effet restreint ou même n'en produit aucun, il a poursuivi un but déterminé, c'est tantôt la publicité comme en notre matière ou s'il s'agit d'une donation le désir d'en assurer l'irrévocabilité et de protéger la volonté du donateur contre les influences étrangères etc... ; mais si le même résultat est atteint par une autre voie, si par une voie indirecte l'acte

---

(1) Question 39 sur les susbtilutions.
(2) *Substitutions*, section 1, art 4, par 6, Nos 35 et 36.

a reçu une publicité suffisante ; s'il est prouvé par exemple que le donateur a agi en pleine liberté... ne pourra t-on pas dire que le vœu de la loi est rempli et que les formalités deviennent inutiles ?

Conséquence : Si la question se pose de façon identique dans toutes les hypothèses où le législateur a requis des formalités, la réponse à moins d'un texte spécialement contraire doit être logiquement la même dans tous les cas et cette considération nous montre la portée de la solution donnée au problème de la connaissance.

Faire triompher la première ou la seconde méthode sur le cas spécial qui nous occupe, c'est la faire triompher partout où la loi a requis des formalités ; en un mot, c'est se prononcer pour ou contre le formalisme.

PRÉLIMINAIRES

I. — Plan

Après quelques généralités nécessaires sur le contrat de cession, nous expliquerons dans un chapitre premier le mécanisme de la cession de créances ; nous diviserons ce chapitre en deux paragraphes :

1° Comment la cession se réalise entre les parties ?

2° Comment elle devient apposable aux tiers ? En d'autres termes : Comment agit la signification ? Quel est son rôle ? Cette question résolue, nous pourrons alors nous demander si la connaissance est suscèptible de remplir ce rôle.

Le problème ainsi posé, nous consacrerons un chapitre deuxième aux diverses solutions qui lui ont été données : 1° dans l'histoire ; 2° en doctrine ; 3° en jurisprudence ; ce qui fera l'objet de trois paragraphes. Nous montrerons au paragraphe premier que l'on doit pour solutionner le problème de la connaissance se dégager entièrement de la tradition historique. Le paragraphe deuxième avec l'examen de la doctrine nous fera passer en revue les théories les plus diverses que nous réunirons dans trois systèmes :

1° Système de l'application intégrale de l'article 1690 ;

2° Système de la fraude : La simple connaissance ne suffit pas pour empêcher les tiers d'opposer le défaut des formalités légales; il n'en est autrement que si elle s'accompagne de manœuvres constitutives de la fraude.

3° Le troisième système a à sa base une distinction entre le débiteur et les autres tiers accordant selon les auteurs des effets tantôt à la connaissance de l'un, tantôt à la connaissance des autres.

Nous verrons enfin dans un paragraphe troisième la jurisprudence opter en faveur d'un nouveau système : La connaissance équivalent de la signification que nous appellerons désormais système de la connaissance acquise.

C'est aidé de toutes les observations qui auront précédé qu'à notre tour nous présenterons une théorie de la connaissance conforme à celle de la jurisprudence mais avec quelques atténuations qui partiront de cette idée que la connaissance étant un élément purement personnel ; ses effets doivent être rigoureusement limités à la personne informée — et pour bien établir cette théorie, ayant développé les raisons qui nous auront fait rejeter les autres, nous montrerons qu'elle est conforme à l'équité et à l'esprit de la loi et le mieux en harmonie avec les législations étrangères les plus récentes sur lesquelles, en terminant, nous jetterons un bref aperçu.

Nota. — Nous limiterons notre étude aux créances ordinaires à l'exclusion des titres nominatifs à ordre et au porteur.

II. — Généralités

Le transport de créances est la convention par laquelle un créancier cède volontairement ses droits contre le débiteur à un tiers qui devient créancier à sa place. Le créancier primitif est le cédant, le débiteur le cédé et le propriétaire actuel devient le cessionnaire. Le mot cession employé par la loi, la place assignée à cette opération dans le code pourraient faire croire que l'article 1690 traite spécialement de la vente des créances ; il s'applique en réalité à toutes les hypothèses où une créance passe d'un patrimoine dans un autre : mise en Société, donation, partage, mise en gage.

Dans tous ces cas, le transport suit les lois de l'opération qu'il réalise ; il sera, par exemple, s'il s'agit d'une donation, soumis à l'authenticité... Néanmoins l'analogie n'est pas complète, car le transport est en outre soumis à des règles spéciales en ce qui concerne l'obligation de garantie (articles 1693 et suivants), la délivrance (article 1689), et notamment la transmission de la propriété (articles 1690 et 1691). C'est uniquement à ce dernier point de vue que se placera l'étude que nous allons entreprendre.

CHAPITRE Ier

Mécanisme de la cession de créances

Le transport de créance intéresse deux ordres de personnes : Les parties et les tiers. Comment va être transférée la créance 1° entre les parties : 2° vis à vis des tiers, voilà ce que nous allons montrer.

§ Ier. — Relations des parties entre elles

Rentrent dans la catégorie des parties, les personnes dont l'intervention est nécessaire à la conclusion de l'acte. Ce sont le cédant et le cessionnaire.

Le code est muet sur la façon dont s'opère la translation de l'un à l'autre; l'article 1690 traite bien du transfert, mais seulement en ce qui concerne les tiers ; quant à l'article 1689, il s'occupe uniquement de la délivrance, question tout à fait distincte de transfert de propriété. Nous appliquerons donc à cette espèce le droit commun représenté par l'article 1138 suivant lequel la simple convention est à elle seule translative de propriété et nous concluerons qu'entre les parties, le trans port est parfait par le seul consentement.

Déduction logique d'un principe universel qui n'a cependant

pas été admise sans discussion. A titre documentaire, nous citons ici un arrêt de la Cour de Bastia (1) qui décide le contraire. Se basant sur l'obligation imposée au cessionnaire de signifier « l'acte de cession », la Cour en avait déduit que « l'écriture est de l'essence même de la cession ». Le résultat aurait été de faire de la cession un contrat solennel. Cet arrêt ajoute au texte de l'article 1690 qui parle simplement de la signification du transport et non de la signification de l'acte de transport. Dans la théorie du code civil, le transport existe indépendamment de la rédaction d'un écrit; le seul concours des volontés suffit à le réaliser ; l'écrit soulève une simple question de preuve et non de validité de contrat. La Cour de Bastia, en décidant autrement, a sans doute été influencée par les souvenirs de l'ancien droit ; la coutume de Paris, dans son article 108, exigeait en effet qu'il fut baillé copie du transport, ce qui supposait nécessairement la préexistence d'un original ; mais outre que le code civil n'a pas reproduit cette disposition, nulle part aux travaux préparatoires nous ne trouvons l'idée de solennité à la base du contrat de transport, et de nos jours, la doctrine et la jurisprudence sont unanimes pour décider que, entre les parties, le transport est parfait par le seul consentement (2).

---

(1) Bastia, 6 mars 1855. D. 55, 2, 305.

(2) Troplong, tome II, n° 180. Duvergier, tome II, n° 175. Aubry et Rau, tome V § 359 *bis*, texte et note 1 *ter*, page 201. Colmet de Santerre, tome VII, n° 135 *bis*. Laurent XXIV, n°s 472 et 473. Guillouard II, n° 768. Aix, 16 mai 1871. D. 72. 2, 218. Bordeaux, 30 juin 1891 et 23 février 1896. D. 92, 2, 65 et 97, 2, 316. Contra, Bastia, 6 mars 1855 précité.

§ II. — Relations des parties avec les tiers

Pour rendre le transport opposable aux tiers, l'article 1690 donne le choix entre deux formalités. La signification au débiteur cédé, l'acceptation faite par lui de la cession dans un acte authentique. La première est un acte officiel par lequel le débiteur est averti que la créance dont il doit effectuer le payement entre les mains du créancier originaire est passée dans le patrimoine d'un autre qu'il devra désormais considérer comme son seul créancier. — Dans la pratique, elle sera réalisée par un exploit d'huissier et pourra être faite indifféremment à la requête du cédant ou du cessionnaire.

L'acceptation authentique a été mise sur la même ligne ; le législateur a estimé que puisque la signification était destinée à avertir le débiteur de la cession, il devait donner un résultat identique à l'acceptation par laquelle le débiteur spontanément se déclare informé. On a voulu par ces mesures faire connaître la cession à tous les intéressés et pour rendre cette publicité efficace, le législateur a décidé que le cessionnaire ne serait « saisi vis-à-vis des tiers » que s'il pouvait leur opposer une cession publiée. Pour comprendre cette formule, il faut se reporter à l'ancien droit. La saisine y désignait la possession, mais une possession particulière sans laquelle la propriété ne pouvait passer à l'acquéreur. Ne devenait propriétaire que celui qui était saisi. La formule de l'article 1690 doit donc être lue de la manière suivante : La propriété de la créance ne sera acquise au cessionnaire vis-à-vis des tiers que par la signification ou l'acceptation authentique. En ce sens Pothier (1) qui compare les effets de la signification et ceux de la tradition dans la vente des choses corporelles.

Mais pourquoi a-t-on exigé l'authenticité ?

L'antidate était suffisamment écartée par un acte sous-seing privé qui ne prend date certaine que par l'enregistrement ; la relation dans un acte authentique ou enfin la mort de l'un des signataires (article 1328). Si l'article 1690 a exigé l'authenticité, c'est que les tiers restaient exposés à un second danger. Ils étaient à la merci d'un procès en vérification d'écriture dont l'issue est toujours douteuse, c'est là l'idée qu'exprime M. Colmet de Santerre : « On a craint, dit-il, que l'acte « sous-seing privé enregistré laissât dans l'incertitude la « situation des tiers puisque la validité de l'acte d'acceptation « aurait pu dépendre de l'issue d'un procès en vérification « d'écriture dans lequel ils n'auraient pas eu les moyens de « contester les prétentions du demandeur. Il s'agirait en effet « d'un débat sur la signature du cédé et les tiers auxquels « cette signature est opposée sont, nous le verrons bientôt, des « ayant cause du cédant n'ayant eu par conséquent avec le cédé « aucune relation qui put leur permettre d'apprécier la sincé- « rité de la signature attribuée à celui-ci » (2). Tel est aussi l'avis de MM. Baudry-Lacantinerie et Saignat : « Se contenter « d'un acte sous-seing privé sujet à vérification d'écriture eut

(1) Pothier. *De la Vente*, n° 554.

(2) Colmet de Santerre. *Cours analytique de Code civil*. Tome VII, n° 136 bis.

« été exposer les tiers à l'aléa de cette vérification (1) ». Dans le même sens, Laurent (2), M. Huc (3) : ce dernier donne cependant un second motif à l'authenticité : L'acceptation destinée à remplacer la signification doit présenter les mêmes garanties que la signification qui est un acte authentique.

Quant à MM. Aubry et Rau (4), ils se bornent à constater qu'un acte sous-seing privé même à date certaine ne saurait équivaloir à une acceptation authentique, sans se demander le but de cette exigence.

Nous n'avons pas à apprécier momentanément ce système de publicité. Disons cependant de suite que s'il paraît efficace en ce qui concerne le cédé, il présente des lacunes pour les autres tiers. — La loi fait du débiteur le centre de la publicité — elle suppose qu'avant de traiter, le cessionnaire ira trouver ce débiteur et lui demander si la créance est toujours dans le patrimoine du créancier originaire. Elle présume aussi que le débiteur sera sincère. Mais que se passera-t-il s'il ne veut répondre ou s'il ment. Autant de questions qui restent sans réponse et nous montrent combien le système aurait besoin d'être remanié. Il nous reste à rechercher les personnes qui peuvent opposer le défaut de publicité ; à nous demander en d'autres termes quels sont les tiers.

---

(1) *De la Vente et Echange.* Tome XVII, n° 775.
(2) *Principes de droit civil.* Tome XXIV, n° 486.
(3) *Cession des créances.* Tome II, n° 340.
(4) Tome IV, n° 359 bis, page 204. Texte et note 10.

Des Tiers

En général, les tiers s'opposent aux parties. Les parties sont les personnes dont l'intervention est indispensable à la conclusion de l'acte — les tiers eux n'interviennent pas.

Il y en a au Code de nombreuses variétés — le mot tiers affecte des sens presque aussi divers que les théories auxquelles il s'applique. On peut néanmoins en négligeant les nuances secondaires, les classer en deux groupes :

Les *pœnitus extranei :* ceux qui n'ont jamais eu de relations juridiques avec les parties ; c'est de ceux-là que l'article 1165 parle lorsqu'il décide que les conventions n'ont d'effet qu'entre les parties contractantes et ne nuisent point aux tiers. Telle n'est pas la signification que le législateur a donné au mot tiers à l'article 1690. Le transport ne sera en effet jamais opposé aux *pœnitus extranei* puisque par définition aucun lien juridique ne les relie aux parties.

La seconde catégorie comprendra les tiers intéressés.

Eux non plus, ils n'interviennent pas à l'acte, mais à la différence des étrangers, l'acte est susceptible de produire à leur égard certaines conséquences. C'est le sens du mot chaque fois que le législateur s'occupe des tiers pour prendre en leur faveur des mesures de publicité ; la cession de créance n'en est qu'une des multiples applications — qu'il nous suffise de citer dans cet ordre d'idées l'article 3 de la loi du 23 mars 1855 à propos de la transcription — l'article 1328 à propos de la date certaine des actes sous-seing privé, etc., mais tout en dérivant d'une même idée, ces tiers intéressés ne forment pas un cadre immuable, ils varient avec le contrat auquel ils s'appliquent, aussi partout où on la rencontre cette notion doit-elle être précisée d'autant plus que le Code s'est souvent montré bref et a parfois négligé complètement de s'expliquer à ce sujet.

En notre matière, la seule indication qui nous est donnée se trouve à l'article 1691 aux termes duquel « si avant que le cédant ou le cessionnaire ait signifié le transport au débiteur celui-ci avait payé le cédant, il sera valablement libéré. » Le débiteur cédé est donc un de ceux vis-à-vis desquels les formalités de l'article 1690 doivent être remplies et il a un intérêt puissant à connaître la cession à cause de la manière dont il doit effectuer le payement. En dehors de là nous ne voyons plus rien au code concernant les tiers mais par application des principes généraux que nous avons dégagés plus haut nous reconnaîtrons cette qualité d'une façon générale à tous ceux qui étant d'ailleurs étrangers à la cession prétendent avoir à l'égard de la créance cédée des droits que la cession tend à écarter ou à restreindre et ont par conséquent intérêt à la connaître. Ce seront en un mot tous les ayant cause à titre particulier de cédant. (1)

Rentreront dans cette catégorie :

A) Tous les cessionnaires postérieurs d'une créance déjà cédée. Ils sont intéressés à connaître les cessions antérieures

---

(1) En ce sens BAUDRY-LACANTINERIE et SAIGNAT. *Vente et Échange.* N° 790.

qui ont pu déposséder leur auteur. — L'unanimité des auteurs le décide ainsi.

B) Celui qui a reçu la créance en gage. La constitution du gage lui fait acquérir un droit réel sur la créance. Si l'on pouvait lui opposer une cession non signifiée, le défaut de publicité l'enduirait en erreur et lui causerait un préjudice. Il peut donc se prévaloir de l'inaccomplissement de formalités que la loi a prescrites dans son intérêt mais à la condition qu'il ait lui-même signifié son droit de gage au débiteur de la créance et cette signification ne pourra plus intervenir utilement si le débiteur a reçu la notification d'une cession consentie à une autre personne. Il en résulte qu'entre un cessionnaire et un créancier gagiste, la préférence sera assurée à celui qui aura le premier rempli la formalité de la signification (1).

Enfin les créanciers chirographaires du cédant sont des tiers. Ils ont en effet en vertu de l'article 2092 un droit de gage général sur les biens de leur débiteur et ce droit est diminué par la cession de la créance.

Ils peuvent tant que la cession n'est pas devenue opposable aux tiers considérer la créance comme appartenant encore à leur débiteur ; ils ont donc le droit de pratiquer une saisie arrêt entre les mains du cédé, mais c'est là le seul moyen à leur portée pour faire valoir leur droit car le droit de gage général ne prive pas le débiteur de la faculté de disposer de

(1) C. 13 Janv. 45 D 45-1-88 LAURENT, XXIV, n° 516. GUILLOUARD, II, n° 805. HUC, II, n° 384.

son patrimoine. Il faut pour pouvoir se dresser contre le cessionnaire qu'ils acquièrent un droit spécial sur la créance ; c'est la saisie arrêt qui le leur donne.

Il est du reste évident que la saisie arrêt sera de nul effet si la créance est déjà sortie du patrimoine du cédant par une cession régulière (1).

Nous croyons avoir ainsi suffisamment montré le mécanisme de la cession de créances et dégagé les deux principes qui en font la base :

1° La cession est parfaite entre les parties par le seul consentement.

2° La transmission de propriété vis-à-vis des tiers ne s'opère que par l'accomplissement des formalités de l'article 1690. Et puisque nous connaissons ces tiers, le rôle de la signification se trouve ainsi nettement précisé et nous savons maintenant ce que contient le problème de la connaissance.

Se demander si la connaissance peut remplacer la signification, c'est rechercher :

1° Si le débiteur cédé informé indirectement de la cession doit désormais se considérer comme le débiteur du cessionnaire et refuser le payement au cédant.

2° Si cette connaissance acquise par lui peut être regardée comme suffisante pour avoir investi les autres tiers.

3° Si un cessionnaire postérieur de la créance ou les créan-

(1) Pau 27 Février 88 D 89 2 159. — Pothier. Vente n° 556. — Aubry et Rau, iv, § 359 bis, texte et note 33, page 433. — Laurent, xxiv, n° 517. — Guillouard, ii, n° 803. — Huc, ii, n° 385.

ciers du cédant qui sont également des tiers peuvent quoiqu'ils aient connaissance de la cession non signifiée ni acceptée se prévaloir de l'article 1690 soit s'il s'agit d'un cessionnaire pour réclamer la qualité de cessionnaire vis-à-vis du cessionnaire antérieur ; soit s'il s'agit des créanciers du cédant pour saisir la créance comme appartenant au cédant.

La recherche des solutions données à ces trois questions dans l'histoire, en doctrine et en jurisprudence va faire l'objet de notre chapitre deuxième dont nous abordons de suite l'étude.

CHAPITRE II

Des diverses solutions données au problème de la connaissance.

Ainsi que nous l'avons annoncé au début de cette étude, nous diviserons l'examen de ce chapitre en trois paragraphes où nous passerons successivement en revue : 1° les solutions historiques, 2° doctrinales, 3° jurisprudentielles.

§ I. — Le Problème de la connaissance dans l'Histoire

SECTION I. *Le droit romain.* — SECTION II. *L'ancien droit*
SECTION III. *Déductions tirées de l'histoire*

SECTION I

En droit romain, les créances sont intransmissibles et nous ne trouvons à l'origine aucun procédé pour faire passer le droit de créance de son sujet actif sur la tête d'une autre personne. Il y a là une règle gênante : la créance est un élément actif du patrimoine qui doit à ce titre pouvoir faire l'objet des mêmes opérations juridiques que la propriété des autres droits ; aussi de bonne heure, la pratique s'ingénie-t elle à tourner le principe de l'intransmissibilité.

Elle y arrive dès les derniers siècles de la République et sans doute encore sous la procédure des actions de la loi au moyen de la novation par changement de créancier : sur le *jussum* du créancier, le débiteur promet la somme qu'il doit au cessionnaire. Nous passerons rapidement sur ce système primitif qui ne touche que de loin à la question qui nous occupe ; notons simplement qu'il présente deux inconvénients principaux : le débiteur peut refuser le changement qu'on veut lui imposer ; en outre la nouvelle créance a bien le même objet, mais elle passe au cessionnaire dépouillée des sûretés qui peuvent accompagner l'ancienne.

Pour y remédier, la pratique imagine un nouveau procédé : *la procuratio in rem suam;* c'est le mandat par lequel je charge un tiers d'intenter une action qui m'appartient, mais avec dispense de me rendre compte. Muni de ce mandat, le cessionnaire exerce lui-même la créance à lui cédée ; il se fait délivrer une formule qui prescrit au juge de condamner le débiteur si le mandant est créancier — et grâce à la dispense de rendre compte, il en conserve le bénéfice par devers lui. Le mandat est impuissant à lui transmettre la propriété de la créance, mais le cessionnaire n'a qu'à agir, et, par l'effet de la *litis contestatio*, le droit déduit en justice lui appartient. — Ce second procédé date de la procédure formulaire : il n'est pas possible sous les actions de la loi où il est interdit de plaider pour autrui ; c'est là du reste encore un instrument assez imparfait. Il évite bien les inconvénients inhérents à la novation ; notamment le cessionnaire n'est plus à la merci de la bonne ou mauvaise volonté du débiteur et c'est la même créance qui passe au cessionnaire et avec elle les sûretés qui l'accompagnent ; mais il crée des dangers nouveaux ; issu du mandat, il ne donne que ce que donnent les règles de cette institution ; la propriété de la créance n'est pas transmise par lui, ce résultat n'est atteint que par la *litis contestatio*. Or, la *litis contestatio* peut parfois ne suivre que de très loin la convention de cession, par exemple si la créance est à terme. Il y a donc là un laps de temps indéterminé pendant lequel le cédant peut recevoir le payement de la créance, en consentir une nouvelle cession, faire compensation ; autant d'exceptions acquises au débiteur et que celui-ci pourra valablement opposer au cessionnaire car jusqu'à la *litis contestatio*, le cédant reste le véritable maître de la créance.

Résultat profondément injuste, il y a là une prime accordée à la mauvaise foi. — Les jurisconsultes s'émeuvent et de bonne heure nous voyons le cédé rendu responsable de son dol envers le cessionnaire et il y a dol de sa part à payer le cédant lorsque d'une manière quelconque il a appris que la créance n'est plus dans le patrimoine de son créancier originaire — ce résultat est constaté par un texte de Papinien rapporté au Digeste (loi 17, *de Transactionibus*, liv. II, tit. 15).

C'est dans cet état de droit qu'intervient un senatus consulte attribué à Gordien (1) suivant lequel si antérieurement au

(1) Loi 3 au Code, liv. VIII, tit. 2.

payement fait par le cédé au cédant, le cessionnaire a obtenu du cédé un payement partiel ou lui a signifié la cession (*vel aliquid ex debito accipiat, vel debitori denuntiavent*) le cédé sera désormais directement obligé envers le cessionnaire et ne pourra plus lui opposer les actes passés avec le cédant. Sous l'empire de cette disposition, le cessionnaire a deux moyens de s'assurer le bénéfice exclusif de la créance cédée : signifier ; se faire reconnaître comme le véritable créancier.

La portée de cette réforme a été controversée : on s'est demandé si les deux événements que nous venons de voir sont les seuls qui enlèvent au débiteur la faculté de se libérer entre les mains du cédant ou bien s'il fallait placer sur le même pied le débiteur informé de la cession, mais par une voie indirecte. Ainsi, la signification est à peine embryonnaire, et déjà le problème de la connaissance est posé à Rome et dans les mêmes termes que dans le droit français moderne.

Quoi qu'il en soit, sur cette question, M. Girard se prononce contre la connaissance.

Pour nous, reportons-nous à la période précédant immédiatement le senatus consulte Gordien, nous avons vu qu'à cette époque, le cédé averti de la cession qui paye au cédant est coupable de dol et responsable envers le cessionnaire. Dans cet état de droit, le cessionnaire reste exposé à deux dangers :

1° Il peut se heurter à l'impossibilité de prouver la mauvaise foi du cédé. 2° Alors même qu'il est instruit de la cession, le cédé peut opposer au cessionnaire les exceptions qui postérieurement à la cession lui sont acquises contre le cédant sans son dol ; par exemple, l'exception de compensation.

Ce sont ces deux dangers que selon nous le senatus consulte Gordien a voulu éviter — en ce sens M. Accarias (1), « les innovations précédentes laissaient, dit-il, le cessionnaire « exposé à un double danger : d'abord le débiteur pouvait lui « opposer qu'il avait ou payé aux mains du cédant ou conclu « avec lui quelque convention tendant à éteindre sa dette et « de tels moyens de défense ne tombaient que devant la preuve « souvent difficile à fournir de sa mauvaise foi. En outre, les « exceptions qui sans son fait, par conséquent sans son dol « étaient acquises au cédé contre le cédant, par exemple « l'exception tirée de la compensation le protégeaient contre « le cessionnaire. Pour conjurer ces dangers, la pratique « imagina un moyen très facile » — et c'est là toute son utilité. Il met le cessionnaire à l'abri des exceptions acquises par le cédé sans dol postérieurement à la cession. Il rend inutile la preuve de la connaissance. C'est une situation privilégiée faite au cessionnaire qui se trouve avoir ainsi un droit sûr par l'accomplissement d'une simple formalité, mais si le cessionnaire ne profite pas de cette disposition, il retombe dans la règle commune qui est celle de la loi 17. Il en résulte que le débiteur qui connaissant une cession, paye le cédant, commet un dol dont il est responsable vis-à-vis du cessionnaire. En ce

(1) *Précis de droit romain*, tome II, n° 640.

sens M. Wahl (1) : « On doit considérer comme certain qu'à « Rome la connaissance de la cession acquise d'une manière « quelconque par le cédé tenait lieu de notification ou d'ac- « ceptation car de toute manière, il y avait dol de sa part à « considérer le cédant comme étant resté créancier et il appuie « cette opinion sur le texte de Papinien. ». A l'encontre de ce que nous venons de dire, M. Girard (2) fait de la loi 17 une disposition particulière à la vente d'hérédité ; selon lui, la dénonciation et la reconnaissance du cessionnaire par le débiteur sont les deux seuls évènements qui enlèvent au debiteur le droit de se libérer valablement entre les mains du cédant. On ne voit pas dès lors pourquoi la loi 17 se trouve au titre général « *de transactionibus* ». En outre l'interprétation de M. Girard nous paraît peu en harmonie avec l'évolution du droit romain dont chaque institution nouvelle marque un affranchissement progressif du formalisme.

§ II. — Le problème de la connaissance dans l'ancien droit.

L'ancien droit recueille l'institution romaine de la signification telle qu'il l'a trouvée dans le senatus consulte Gordien sans s'apercevoir qu'elle y est devenue inutile. Nous venons de montrer en effet qu'à Rome cette formalité était destinée à écarter les inconvénients dérivant du principe de l'intransmissibilité des créances ; or, en droit français, les créances sont

(1) Note au Sirey, 1898, 1, 113.
(2) GIRARD. *Manuel de droit romain*, page 729, note 1.

transmissibles. La survivance chez nous de la signification doit donc être considérée comme une erreur juridique provoquée par le besoin qu'éprouvent les jurisconsultes de l'époque ancienne de copier aveuglément le droit romain. Quoiqu'il en soit, après avoir conservé cette institution, il fallut lui trouver une utilité et l'on fut embarrassé ; comme les principes du droit romain ne pouvaient servir, voici ce que l'on imagina. Pour le comprendre, une brève diversion est indispensable.

Dans l'ancien droit, le concours des volontés est impuissant à lui seul à réaliser le transfert de propriété ; la convention passée, l'acheteur doit encore obtenir la saisine. La saisine, c'est la possession, mais une possession qui offre un caractère particulier. Sans elle la propriété ne peut passer à l'acquéreur. Ne devient propriétaire que celui qui est saisi, ce résultat est l'œuvre de la tradition pour les choses corporelles, mais ce mode de transfert est inapplicable aux meubles incorporels ; or, en cette matière comme ailleurs, la convention est simplement productive d'obligations ; l'acheteur de la créance n'en a pas la saisine par la simple cession ; il n'atteint ce résultat que par la signification.

Tel est le rôle que l'on imagine de donner après coup à cette formalité. La signification est donc pour les meubles incorporels l'équivalent de la tradition pour les meubles corporels et cela explique la rédaction de la Coutume de Paris article 108 « simple transport ne saisit pas, il faut signifier le transport à la « partie et lui en bailler copie. » En ce sens Ferrière « le sens « de cet article est que celui auquel la cession ou le transport

« est fait de quelques dettes n'en est le maitre que quand il « a été signifié au débiteur... la cession ou transport ne rend « le cessionnaire possesseur et maître du droit cédé que quand « il a été signifié, la signification ayant effet de prise de possession » (1) dans le même sens Bacquet, *traité des droits de justice.*

Pothier exprime très nettement cette idée dans son *traité de la vente.* « Le transport d'une créance est avant que la signi- « fication ait été faite au débiteur ce qu'est la vente d'une « chose corporelle avant la tradition. De même que le vendeur « d'une chose corporelle demeure avant que la tradition en ait « été faite possesseur et propriétaire de la chose qu'il a vendue, « de même tant que le cessionnaire n'a point fait signifier au « débiteur le transport qui lui a été fait, le cédant n'est point « dessaisi de la créance qu'il a transportée. » (2) Quant au jurisconsulte Merlin, il ne fait aucune mention de la question dans son répertoire.

Que devient la théorie de la connaissance dans ce système? La question divise nos anciens auteurs en deux camps :

Les uns prétendent que la connaissance ne peut suppléer le défaut de signification. En ce sens Ferrière : « Puisque la « possession de la dette ou droit cédé n'est transmise que par « la signification du transport, il s'en suit que quoique le débi- « teur ait été fait certain d'ailleurs du transport et cession de

(1) *Corps et compilations sur coutume de Paris.* 2me édition, Paris 1714, tome II sur 108, page 126.

(2) Pothier, *de la Vente*, n° 554.

« la dette, néanmoins il peut valablement payer au cédant « suivant la loi 3 de novationibus (1). » Du Rousseaud de Lacombe n'est pas moins affirmatif : « Il faut signification et « copie du transport, dit-il, la science d'ailleurs ne serait « suffisante (2). »

Mais cette opinion est loin de réunir tous les suffrages et à l'encontre de Ferrière, d'Espeisses enseigne que le cédé qui informé indirectement de la cession paye le cédant n'est pas libéré pour cela envers le cessionnaire. Il commence par expliquer qu'avant la signification le cédant peut retirer payement de la dette puis « il en serait autrement, dit-il, si le « débiteur avait su la cession ; car alors, bien que le cession- « naire ne lui eut pas signifié la cession et qu'il ne lui eut pas « payé partie de la dette, ni mis en procès pour icelle ; néan- « moins, s'il paye le cédant, à cause de sa mauvaise foi, il sera « encore obligé de payer le cessionnaire, » et d'Espeisses invoque à l'appui un arrêt du parlement de Toulouse rendu au rapport du sieur d'Ambez où il est dit que « si l'héritier « après avoir vendu l'hérédité transige avec un débiteur de « l'hérédité, que l'acheteur de ladite hérédité agissant contre « tel débiteur pour le payement de sa dette sera débouté de « sa demande si ledit débiteur lors de ladite transaction « avait ignoré ladite vente ; donc s'il l'avait sue, tel débiteur « ne pourrait pas se servir de ladite transaction et ne sert au

(1) Ferrière. *Corps et Compilations sur Coutume de Paris* sur 108, n° 8.
(2) Du Rousseaud de Lacombe. *Recueil de Jurisprudence*, V° transport n° 17.

« débiteur d'alléguer que cette cession ne lui a été signifiée « car « *qui certus est certiorari ulterius non oportet* (1). » Dans le même sens Chopin sur Paris (2). Balde Consil (3).

Il est curieux de remarquer que partisans et adversaires de la connaissance, tous établissent leur système sur les textes romains, les premiers invoquant la loi 17, les autres le sénatus consulte Gordien et c'est là qu'est l'erreur ; car ces textes mal compris donnent lieu à deux interprétations divergentes et de plus ils n'ont rien à faire en la matière, la question ne se pose plus de la même manière à Rome et dans l'ancien droit par suite du changement de fondement de la signification, ce qu'il faut se demander c'est si la connaissance de la cession par le cédé peut remplacer la tradition et la réponse ne peut faire aucun doute, la tradition nécessite le concours des volontés de deux personnes, il est impossible de la regarder comme parfaite par la simple connaissance du débiteur cédé.

Il nous reste à voir maintenant la solution adoptée en ce qui concerne les tiers autres que le débiteur cédé et quelle est la valeur vis-à-vis d'eux d'une cession dont il sont avertis mais qui n'est pas signifiée. Il faut répondre qu'ils sont censés l'ignorer. Si l'on soutient le contraire, il faut pour être logique affirmer que l'aliénation des meubles corporels non suivie de tradition est opposable aux tiers ce qui est en opposition avec

---

(1) D'Espeisses : *Œuvres*, titre I, *de l'achat*, section II, page 17.
(2) Titre des actions personnelles, nº 8.
(3) 383. Volume II.

tous les principes de droit coutumier. Du reste nos anciens auteurs ne se posent même pas la question et l'on a pu remarquer que parmi les textes que nous avons passés en revue, aucun n'en fait mention.

En résumé, de l'examen historique auquel nous venons de nous livrer, il résulte :

1° Qu'à Rome, la signification imaginée pour atténuer les inconvénients du principe de l'intransmissibilité des créances, rien ne s'oppose à son assimilation avec la connaissance.

2° Qu'en passant dans notre droit coutumier, la signification change de fondement ; elle devient l'équivalent de la tradition et ne peut plus être logiquement suppléée par la tradition.

Nous en aurions terminé si nous n'avions en vue que ce qui se passe chez nos prédécesseurs, mais l'histoire est surtout intéressante dans les déductions que l'on en tire et auxquelles nous allons consacrer maintenant une section troisième.

SECTION III. — Les solutions historiques peuvent elles nous servir ?

Avant de répondre, reprenons la signification où nous l'avons laissée ; en pleine période coutumière. A cette époque, la tradition a lieu réellement, mais bien vite elle devient fictive, on la remplace par des clauses du contrat qui valent constitut possessoire, convention fictive de précaire, de bail ou plus simplement par la clause de dessaisine saisine par lesquelles l'aliénateur déclare se dépouiller de la chose et la détenir pour le compte d'autrui ; résultat constaté par l'article 278 de la Coutume d'Orléans aux termes duquel la clause de dessaisine saisine équipolle à tradition et dès le XVIIe siècle, Loysel peut dire «on n'a pas plus tôt vendu la chose qu'on n'y a plus rien. » La réforme est mûre pour le code civil et le législateur de 1804 sacrifie les principes anciens qui exigent la tradition puisqu'en fait l'on s'en passe. La convention de productive d'obligations devient translative de propriété et l'article 1138 est rédigé en ces termes : « L'obligation de livrer la chose est parfaite par le seul consentement des parties contractantes... elle rend le créancier propriétaire encore que la tradition n'en ait pas été faite, principe répété aux articles 938 et 1583 à propos des donations et de la vente. La conséquence devait être la disparition de la signification, corollaire de la tradition et cependant nous trouvons la nécessité de cette formalité affirmée à l'article 1690. Survivance bizarre, d'autant plus curieuse qu'à l'aurore du code civil parallèlement au développement des grandes entreprises dont l'ampleur nécessite la formation de sociétés par actions se multiplie l'emploi des valeurs mobilières, titres au porteur et nominatifs, qu'à la même époque le code de commerce en réglementant soigneusement le titre à ordre en fait un instrument d'un emploi facile.

Autant de créances dont la cession échappe au régime de la signification ; de sorte que le principe posé de façon si impérative à l'article 1690 qu'on pourrait croire qu'il ne doit recevoir aucune dérogation apparaît en réalité lui-même comme l'exception, colonne isolée au milieu des formes nouvelles de transmission qui se développent à son détriment.

Quoiqu'il en soit, la signification est conservée. Seulement on ne peut lui donner le fondement romain puisque en droit français les créances sont transmissibles ; on ne peut non plus dire comme en droit coutumier que « signification équipolle à tradition » puisque cette dernière n'existe plus, on imagine alors un troisième fondement ; la publicité (l'unanimité des auteurs est en ce sens, ce qui nous dispense de donner des références) et l'article 1690 doit être lu de la manière suivante : La propriété n'est acquise au cessionnaire vis-à-vis des tiers que si la cession est publiée et la publicité est le résultat de la signification et de l'acceptation authentique.

De ce nouveau changement, il résulte que l'on doit se dégager entièrement de la tradition historique pour solutionner le problème de la connaissance.

Constatation décevante, mais il ne suit pas de là que nous ayons fait une étude inutile :

1) Nous éviterons par la suite une erreur dans laquelle sont tombés quelques auteurs s'appuyant les uns sur le droit romain, les autres sur le droit coutumier pour donner une solution favorable ou défavorable au problème de la connaissance.

2) Cet examen historique est intéressant à un autre point de vue ; il contient un puissant argument en faveur d'une réforme législative de l'article 1690. Nous y avons montré en effet que la signification, institution romaine passée par erreur dans notre droit français aurait du disparaître du code civil avec la

tradition son équivalent ; qu'elle s'y est cependant maintenue sous prétexte de publicité mais que ce nouveau fondement imaginé après coup pour la conserver en a fait un instrument défectueux, mal adapté à un rôle pour lequel il n'a pas été créé.

§ II. — **Le Problème de la Connaissance dans la doctrine**

La question a été très controversée au cours du XIXe siècle et il existe actuellement des divergences si graves entre les auteurs modernes que l'on ne prévoit pas que l'accord puisse bientôt se faire. Le problème se complique du reste du fait que la jurisprudence est elle-même hésitante ; nous verrons plus loin que la Cour de Cassation a rendu à ce sujet des arrêts susceptibles d'interprétations diverses.

Quoi qu'il en soit, faisant abstraction des nuances secondaires, et malgré la diversité d'opinion qui règne parmi les auteurs, nous allons pour mettre un peu d'ordre dans cette étude classer les théories émises sur le problème de la connaissance dans trois systèmes principaux à chacun desquels nous consacrerons une section.

SECTION 1re. — *Système de l'application rigoureuse de l'article 1690.* — La cession ne sera jamais opposable aux tiers quelle que connaissance que ceux-ci en aient eu.

SECTION 2e. — *Système de la fraude.* — La simple connaissance acquise par les tiers ne suffira pas pour les empêcher d'opposer le défaut des formalités légales ; il n'en sera autrement que si cette connaissance s'accompagne de manœuvres constitutives de la fraude.

SECTION 3e. — *Système qui a à sa base la distinction des tiers en deux catégories.* — Le débiteur cédé et les autres tiers donnant selon les auteurs les effets de la signification tantôt à la connaissance de l'un, tantôt à la connaissance des autres.

SECTION 1re. — *Application intégrale de l'article 1690.* — Deux auteurs seulement à notre connaissance ont défendu ce système : MM. Colmet de Santerre et Mourlon. « Il ne faut « pas assimiler, dit le premier, le cédé qui a eu connaissance « de la cession d'une manière quelconque au cédé qui a « accepté cette cession — le cessionnaire n'a pu alors être « investi régulièrement de la créance, d'un autre côté le cédé « n'a pas pris d'engagement ; donc la cession ne produira « aucun effet (1) » ; c'est tout ce que nous dit M. Colmet de Santerre sur cette délicate question et M. Mourlon n'est guère plus prolixe : « Quand la loi, dit-il, détermine un mode parti- « culier de porter un fait à la connaissance des tiers, ceux-ci « sont réputés l'ignorer tant que ce mode de publicité n'a pas « été employé » (2) et tous deux tirent un argument d'analogie de la loi du 23 mars 1855 sur la transcription. Nous nous bornons dans ce paragraphe à un examen fidèle de la doctrine, réservant notre appréciation pour un chapitre ultérieur, nous ne pouvons cependant nous empêcher de remarquer que la loi

---

(1) COLMET DE SANTERRE. *Cours analytique du Code civil*, tome VI, de la vente, n° 136.

(2) MOURLON. *Répétitions sur le Code civil*, n° 684, tome III.

de 1855, dans son article premier, tout en faisant de la transcription une condition d'opposabilité aux tiers excepte le cas de fraude et qu'elle est un argument précieux surtout pour le second système auquel nous arrivons maintenant.

Section 2e. — *Le système de la fraude.* — Moins rigoureux que le précédent, il admet un tempérament à l'article 1690. Les tiers coupables de fraude ne sont plus recevables à opposer le défaut des formalités légales — il applique la vieille règle romaine *Fraus omnia corrumpit* et s'inspire en outre de la loi hypothécaire du 23 mars 1855. Cette loi après avoir ordonné dans son article premier la transcription des actes translatifs de droits réels immobiliers, décide que les actes transcrits ne peuvent être opposés aux tiers qui ont contracté sans fraude; solution sans aucun doute applicable à notre matière, car la signification est pour le transfert des créances l'équivalent de la transcription pour la translation des immeubles. — Ce système assez séduisant a réuni de nombreux suffrages : on peut citer en ce sens MM. Baudry-Lacantinerie et Saignat : *Manuel de droit civil;* M. Guillouard : *Traité de la vente et de l'échange;* M. Huc : *De la cession de créances;* M. Laurent : *Principes de droit civil.* Malheureusement, cet accord doctrinal n'est qu'une apparence, il suffit pour s'en convaincre de comparer ces théories — leur point de départ concorde, tous les auteurs que nous avons cités prennent pour base la fraude, mais ils en tirent des conséquences si divergentes qu'on s'imagine difficilement qu'elles puissent avoir été puisées à la même source — ce résultat s'explique si l'on remarque que les auteurs ont deux conceptions opposées de la fraude.

Pour les uns la simple connaissance est en elle-même constitutive de la fraude les autres au contraire ne voient la fraude que dans le *Consilium fraudis* caractérisé par une résolution prise pour nuire à autrui; pour eux la fraude n'existe pas en dehors du concert frauduleux.

1° La connaissance est par elle-même constitutive de la fraude

En ce sens M. Laurent. (1) — Pour lui le problème de la connaissance peut se poser de deux manières :

On peut se demander en premier lieu si : « Quand la loi « organise un mode de publicité le fait juridique qui doit être « rendu public n'existera à l'égard des tiers que lorsque ces « formalités auront été remplies ou si l'on peut admettre « comme un équivalent la connaissance que les tiers ont « acquise du fait » et il répond négativement « car les forma- « lités établies au profit des tiers sont d'intérêt général et ces « formalités n'admettent pas d'équipollent. » Mais la question « présente une autre face : « Pourquoi prescrit-on la publi- « cité ? Pour porter un fait juridique à la connaissance des « tiers afin d'empêcher qu'ils ne soient trompés par la clan- « destinité de l'acte ; or est-il nécessaire de prévenir ceux qui « sont prévenus ? Si les tiers ont connaissance de l'acte non

(1) *Principes du droit civil*, tome XXIV, n°s 487 et suivants.

« rendu public, n'agissent-ils pas de mauvaise foi, et s'ils sont « de mauvaise foi, ne doivent-ils pas répondre des suites de « leur dol et la responsabilité ne doit-elle pas aboutir à cette « conséquence que ceux qui ont traité de mauvaise foi ne « peuvent pas se prévaloir du défaut de publicité de l'acte « qu'ils connaissaient malgré l'inobservation de la loi ? » et M. Laurent répond affirmativement invoquant à l'appui l'article premier de la loi du 23 mars 1855 (voir plus haut) et plus loin il conclue que la connaissance par les tiers des actes non rendus publics n'équivaut pas à la publicité légale mais que le défaut de publicité ne peut être invoqué par ceux qui connaissent l'acte parce qu'en agissant ainsi, « ils sont cou- « pables de mauvaise foi, de fraude, et la fraude fait exception « à toutes les règles. »

A peu près dans le même sens que M. Laurent, nous relevons l'opinion de M. Guillouard. (1) Il se pose d'abord la question vis-à-vis du cédé et reconnait qu'en principe les formalités légales n'ont aucun équivalent; la connaissance que le débiteur cédé aurait d'une cession antérieure ne peut les suppléer car le débiteur pourra toujours répondre au cessionnaire qui lui objectera cette connaissance : j'ai bien entendu parler d'une cession, mais comme ce bruit n'a été confirmé par aucune notification, j'ai cru qu'il n'y avait là qu'un projet auquel il n'avait pas été donné suite. Il en serait autrement et le cédé ne pourrait plus se prévaloir du défaut de signification

(1) GUILLOUARD. *Traité de la vente et de l'échange*, t. II, n° 781

s'il était informé d'une manière précise parce que dans ce cas, s'il paye le cédant, il cause un préjudice au cessionnaire et « ce préjudice causé sciemment constitue une fraude que la « loi ne peut tolérer. »

M. Guillouard s'occupe ensuite des autres tiers ; eux aussi s'ils ont connaissance de la cession seront censés l'ignorer à moins qu'ils ne soient coupables de fraude. On ne voit pas dès lors pourquoi il leur fait une place à part : la fraude en effet n'est pas susceptible de deux définitions, elle résultera pour les autres tiers comme pour le débiteur cédé du préjudice causé sciemment par les tiers informés d'une manière précise de la cession et qui agiront comme si elle n'existait pas.

Voilà donc deux théories issues de la fraude pour arriver à donner le même résultat, l'une avec M. Laurent à la simple connaissance, l'autre avec M. Guillouard à la connaissance précise. Cette différence n'est du reste qu'une pure affaire d'étiquette. M. Laurent appelle connaissance ce que M. Guillouard appelle connaissance précise et qu'il oppose à une vague information, à un bruit auquel la plupart du temps le tiers intéressé n'aurait prêté qu'une légère attention, qu'il aurait même pu croire faux et qu'on lui opposerait comme suffisant pour avoir investi le cessionnaire ; or, c'est bien là l'avis de M. Laurent qui ne donne les effets de la signification qu'à « une connaissance aussi certaine que s'il y avait eu signification » de nature à ne laisser absolument aucun doute sur la mauvaise foi du tiers intéressé.

Nous passons maintenant à l'examen de la théorie de la fraude pure.

2° La simple connaissance n'est pas const'tutive de a fraude

Un des représentants les plus autorisés de cette doctrine, M. Huc, s'élève contre les auteurs qui, pour caractériser la conduite de celui qui n'a pas tenu compte d'une cession dont cependant il avait connaissance, employent indifféremment les expressions de mauvaise foi, de dol et de fraude. Selon lui, ces trois choses ne sont pas synonymes, et il s'attache à le démontrer (1) : « Le dol, d'après la célèbre définition de Labéon « (*omnem calliditatem, fallaciam, machinationem ad circum* « *veniendum, fallendum decipiendum alterum adhibitam)* « implique une manœuvre destinée à tromper quelqu'un, « peut-on dire qu'il y a eu manœuvre pour tromper quelqu'un « de la part du cédé qui paye entre les mains du cédant, « quoiqu'il connaisse l'existence d'une cession non signifiée ? « La fraude, dans le sens technique de l'expression, est une « nuance du dol ; elle résulte d'une résolution prise pour « nuire à autrui : *consilium fraudis*. Dans le cas de fraude et « de dol, on peut dire qu'il y a mauvaise foi ; peut-on dire « dans le même sens qu'il y a mauvaise foi de la part du « tiers qui, connaissant la cession, agit comme si elle n'exis- « tait pas ? Non ». Et M. Huc le compare à celui qui, ayant connaissance d'une loi nouvellement votée mais non encore exécutoire, s'empresse de faire certains actes que la loi prohibe.

(1) Huc. *Cession de créances*. Tome II, pages 30 et suivantes.

M. Huc prévoit ensuite les objections qui vont lui être faites : Est-il nécessaire de prévenir ceux qui sont prévenus ? dira-t-on : La réponse est facile. Prévenir les tiers n'est pas la seule tâche assumée par l'article 1690 ; cet article vise un résultat plus élevé : éviter les procès qui « reposant sur une allégation de mauvaise foi dans le sens de dol ou de fraude, se « prêtent à l'emploi de la preuve testimoniale vue avec défa-« veur par le législateur ». Or, l'assimilation de la connaissance et de la signification développe fatalement le nombre de ces procès.

On objectera encore, dit-il, que la solution défavorable à la connaissance donne une prime à la mauvaise foi ; mais n'en est-il pas souvent ainsi ? Une loi faite pour protéger certaines personnes se retourne parfois contre elles, témoin les dispositions relatives à la prescription imaginées pour consolider le droit du véritable propriétaire et qui, dans des cas fréquents, favorisent l'usurpateur.

Et M. Huc conclue que la simple connaissance ne peut empêcher les tiers de se prévaloir du défaut des formalités légales ; il n'en serait autrement qu'au cas de fraude, ce mot étant pris dans le sens de *consilium fraudis ;* or, pour qu'il y ait fraude en ce sens, il faut qu'on puisse relever à la charge de la personne informée un fait actif : ce sera par exemple l'entente du cédé avec le cédant, ce dernier donnant quittance au premier sans laisser au cessionnaire le temps moral de signifier ; ce sera encore le fait d'un second cessionnaire qui dissuadera le premier de signifier sous prétexte que c'est inutile et qui profitera de cette négligence pour remplir lui-même cette formalité.

La simple connaissance au contraire ne fera pas sortir la personne informée d'un rôle purement passif.

Dans le même sens que M. Huc, MM. Baudry-Lacantinerie et Saignat (1), Marcadé (2) enseignent que la fraude seule fait exception aux règles de l'article 1690 et ils entendent par là le concert frauduleux, ce serait « refaire la loi », dit Marcadé, que de déclarer le contraire. On peut encore citer en faveur de cette opinion l'avis de Zachariæ (traduction Aubry et Rau) qui s'exprime ainsi : « La connaissance que le débi-
« teur cédé ou les autres intéressés auraient acquise indirec-
« tement du transport ne suffit pas sauf le cas de concert
« frauduleux ».

Nous avons terminé l'examen des diverses théories de la fraude et ce simple exposé a mis en relief deux considérations :

1° Combien est peu précise la notion de la fraude ;

2° Combien est délicate la distinction théorique de la frande et de la connaissance. Cette difficulté s'accroît en pratique du fait que la connaissance se présente le plus souvent accompagnée de circonstances aggravantes qui lui font voisiner la fraude de plus près, ce qui rend très complexe la tâche de nos tribunaux.

---

(1) *Traité de Droit civil de la Vente et de l'Echange*, tome XVII, p. 719.
(2) Tome VI sur les articles 1689-1691, n° 1.

SECTION 3e. — *Le troisième système offre deux caractéristiques :*

1° L'assimilation partielle de la connaissance et de la signification :

2° La division des tiers en deux catégories : Ceux vis à vis desquels la connaissance tiendra lieu de signification, ceux auxquels les formalités légales seules rendront la cession opposable.

A ce point de vue, Troplong distingue le débiteur cédé et les autres tiers. Il estime que le cédé se trouve dans une situation spéciale. Une acceptation sous-seing privé, verbale ou même tacite suffit pour qu'il ne puisse payer aux mains du cédant, tandis qu'à l'égard des autres tiers, il faut une signification sans laquelle le transport est présumé simulé. Aussi, après avoir rappelé que dans l'ancien droit l'opinion de Ferrières déniant tout effet à la connaissance par le débiteur cédé n'était pas sans contradicteurs parmi lesquels notamment Chopin et Balde. « Je crois, dit-il, que si les faits dont on veut induire « la connaissance du transport ont quelque chose de non « équivoque, s'ils ne laissent aucun doute sur la volonté du « cessionnaire de se prévaloir de la cession, les adversaires de « Ferrières devront l'emporter (1) », en ce qui concerne les autres tiers, la solution contraire ne fait aucun doute pour lui.

Nous retrouvons la même division des tiers dans le traité

---

(1) TROPLONG. *De la Vente,* tome II, n° 900.

De la Vente de Duvergier (1), mais avec une solution inverse : Selon lui le débiteur cédé n'est jamais fondé à refuser le payement à son créancier originaire tant qu'il n'a pas reçu la signification d'un transport qu'il prétend connaître. Il n'a aucun intérêt ni aucun droit à agir de cette manière puisque aux termes de l'article 1691, « si avant que le cédant ou le ces-« sionnaire eut signifié le transport au débiteur, celui-ci avait « payé le cédant, il sera valablement libéré » mais cette disposition ne concerne pas les autres tiers, et s'ils ont connaissance du transport au moment où ils ont contracté, cette circonstance qui presque toujours les constituera en état de mauvaise foi sera suffisante pour que la cession soit maintenue et il invoque à l'appui la disposition de l'article 1141. « Si la chose que l'on « s'est obligé de donner ou de livrer à deux personnes suc-« cessivement est purement mobilière, celle des deux qui a été « mise en possession réelle est préférée et en demeure pro-« priétaire encore que son titre soit postérieur en date pourvu « toutefois que sa possession soit de bonne foi ».

Les deux théories que nous venons de voir ont à leur base la distinction des tiers en deux catégories : le cédé d'une part, tous les autres tiers d'autre part. MM. Aubry et Rau (2) nous mettent en présence d'une autre division — d'un côté les créanciers saisissants auxquels ils opposent d'un autre côté le débiteur cédé et les tiers cessionnaires.

(1) *De la Vente*, tome II, n° 208.
(2) Tome IV, p. 429, n° 359 bis, note 13.

Ils estiment que pour les premiers, la question est à l'abri de toute controverse et que la connaissance qu'ils auraient de l'existence d'un transport non signifié ni accepté, ne peut en aucun cas les empêcher de saisir pour le compte du cédant. Mais si le débiteur cédé connaissant le transport paye quand même entre les mains du cédant — si un tiers se rend cessionnaire d'une créance qu'il sait déjà cédée, ils commettent une imprudence grave qui cause un préjudice au cessionnaire primitif, préjudice qu'ils doivent réparer en vertu de l'article 1382 et la réparation, c'est pour le débiteur cédé l'obligation de payer une seconde fois au cessionnaire (1); pour le tiers cessionnaire, l'annulation à titre de dommages-intérêts de la seconde cession qui quoique revêtue des formalités légales sera primée par un premier transport irrégulier. Il n'en serait autrement et le débiteur cédé et les tiers cessionnaires n'auraient pas agi imprudemment si le cédant était en apparence *in bonis* ou s'ils avaient des raisons de croire que le transport n'était pas sincère. Application à la théorie de la connaissance d'une disposition dont le champ d'application se développe de jour en jour surtout dans ces dernières années où certains auteurs ont créé la théorie de l'usage abusif des droits, théorie sur laquelle nous aurons l'occasion de revenir plus loin.

---

(1) Remarquons que dans ce cas la situation du cessionnaire n'est pas toujours aussi favorable que s'il avait fait opérer la signification. Supposons en effet que ce cessionnaire ait acheté sa créance munie de sûretés ; une hypothèque par exemple. Cette créance est remplacée par une autre née de l'article 1382 dépourvue de toute garantie pour le recouvrement de laquelle le cessionnaire vient en concours avec les autres créanciers du débiteur.

Nous avons terminé avec MM. Aubry et Rau l'examen du troisième système et en même temps l'exposé des diverses solutions données en doctrine au problème de la connaissance; il nous reste à tirer les déductions que nous ont fournies cette étude.

Auparavant, il nous paraît indispensable de mettre en relief un point très important sur lequel nous avons négligé de nous appesantir: c'est que les adhérents de la théorie de la connaissance n'ont jamais soutenu que la connaissance acquise par le débiteur cédé d'une cession déjà faite doit être regardée comme suffisante pour saisir le cessionnaire vis-à-vis des tiers; elle ne peut produire d'effet que vis-à-vis de celui qui, connaissant une cession, agit comme si elle n'existait pas et est coupable de mauvaise foi; décider le contraire serait punir les tiers d'une connaissance qu'ils n'auraient pas eu — et ce sera là notre première déduction :

1° La théorie de la connaissance acquise n'a qu'une portée relative et non absolue.—A part Troplong (1) qui est en notre sens, les auteurs ont négligé de s'expliquer sur ce point qui est d'une évidence indiscutable.

2° Abstraction des auteurs que nous avons rangés dans le troisième système et qui font une légère place à la connaissance, tous les autres dénient en principe tout effet à la connaissance acquise.

3° Dénient en principe avons nous dit, car nous avons pu

(1) *De la Vente*, tome II, n° 901.

voir que partis de la négation de la connaissance, quelques auteurs arrivent cependant à lui reconnaître en fait les effets de la signification dans les limites assignées par notre 1°.

§ III. — Le problème de la connaissance dans la jurisprudence.

Rechercher les décisions qui ont en vue la solution du problème de la connaissance, les présenter dans un ordre logique, fixer les résultats qui s'en dégagent, et, dans les cas où la précision est impossible, montrer simplement l'orientation de la jurisprudence, tel va être l'objet de ce paragraphe.

Nous en diviserons l'examen en deux parties :

SECTION 1re. — *La connaissance du débiteur cédé.*

SECTION 2e. — *La connaissance des autres tiers.*

Trois raisons militent en faveur de cette division :

1) Nous avons vu certains auteurs soutenir que le débiteur et les autres tiers ne se trouvaient pas dans des situations identiques (1).

2) Tout récemment, M. le conseiller Crépon, a prétendu que la jurisprudence donnait des solutions différentes dans l'un et l'autre cas.

3) Enfin, en pratique, la question s'est la plupart du temps posée séparément pour le cédé et les autres tiers.

SECTION 1re. — *La connaissance du débiteur cédé.*

---

(1) Cf. § II, Section III.

La question, vis-à-vis de lui, présente deux faces :

1° Le débiteur cédé, informé indirectement d'une cession, doit-il désormais se considérer comme le débiteur du cessionnaire et refuser le payement au cédant ;

2° La connaissance acquise par le débiteur peut-elle être regardée comme suffisante pour avoir investi le cessionnaire à l'égard des autres tiers. La réponse donnée à ces deux questions fera l'objet de deux alinéas.

§ I. — Le débiteur cédé, informé indirectement d'une cession, doit-il désormais se considérer comme le débiteur du cessionnaire et refuser le payement au cédant ?

Cette question se pose en cassation dès le début du siècle, en 1827 (1), et est résolue par la négative. « Attendu que « d'après les art. 1689-1690.... le cessionnaire n'est saisi de la « créance à l'égard du cédant que par la remise du titre et à « l'égard du débiteur que par la signification du transport fait « à celui-ci. » Même solution l'année suivante, la Chambre des requêtes rejette le pourvoi contre une décision de la Cour de Dijon qui décidait que « le transport n'ayant pas été « notifié le vœu de l'article 1690 n'était pas rempli par le « défaut de ces formalités essentielles, seuls moyens par « lesquels la saisine puisse s'opérer (2) ». La question semble

(1) 4 décembre 1827, S. 1828-1-42.

(2) 6 mars 1828, R. D. V° *Contrat de mariage*, p. 251.

résolue et quelques années se passent sans que la Cour de Cassation ait à se prononcer à nouveau ; elle se pose une troisième fois cependant, en 1840, et est encore solutionnée dans le même sens. Cet arrêt est intéressant à un autre point de vue ; il confirme purement et simplement une décision de la Cour de Nîmes qui ne rejette la prétention du demandeur fondée sur la connaissance du débiteur cédé, que parce que « le fait (la connaissance), en le supposant établi, ne serait pas « constitutif de la fraude (1) », d'où il résulte, *a contrario,* que si la preuve de la fraude avait pu être faite, le demandeur aurait vu son pourvoi accueilli ; décision très naturelle qui applique à notre matière le principe romain toujours en vigueur *fraus omnia corrumpit.* Disons de suite, car nous n'aurons plus l'occasion d'y revenir, qu'il y a là un point acquis en jurisprudence. La Cour de cassation a toujours décidé que le cas de fraude fait exception aux règles de l'article 1690 (2).

On peut donc résumer, en 1840, l'état de la jurisprudence dans les deux propositions suivantes : le défaut de signification ne peut être suppléé par la connaissance que le débiteur pourrait avoir de la cession. Il n'en est autrement qu'au cas de connaissance frauduleuse.

Mais, déjà à cette époque, la Cour de cassation avait fait une brèche à ce système dans un arrêt dont voici l'espèce :

(1) 17 mars 1840, Ch. Req., S. 1840-1-197.
(2) 17 février 1874, Ch. Req., S. 1875-1-399.

Perrin, débiteur de Lemps d'une somme de 12.000 francs, devient son créancier pour 6.000 francs, au moyen d'une créance qu'il achète sur lui. Perrin ne fait pas de signification. Quelque temps après, les droits de Lemps sont achetés par un sieur Busco. Celui-ci poursuit Perrin pour la totalité des 12.000 francs ; Perrin oppose la compensation : Busco lui objecte qu'il n'a pas signifié en temps ; qu'ainsi il n'a pu y avoir de compensation avant qu'il fut saisi. Sans doute, dit-il, la compensation opère de plein droit, mais il faut pour cela que les deux personnes entre qui elle s'opère soient débitrices l'une de l'autre. Perrin était débiteur de Lemps, mais Lemps n'était pas débiteur de Perrin, puisque ce dernier n'avait pas pris possession de sa créance.

La Cour de Grenoble, saisie du débat, conclue que Busco ne peut résister à la compensation sur le pourvoi, la Cour de cassation, chambre civile, maintient cette décision par un arrêt du 13 juillet 1831 (1). Elle constate qu'il est constant, en fait, que Perrin est devenu propriétaire de l'obligation de 6.000 francs, souscrite par de Lemps, du jour de la cession qui lui en a été faite ; *que plus de huit mois avant aucune poursuite de la part de Busco, Perrin avait, dans un débat personnel avec de Lemps, produit son acte de cession ; que l'avoué de Busco (représentant alors de Lemps dont il était mandataire), en avait eu une connaissance positive.* Elle conclue de tous ces faits « qui peuvent faire considérer la cession consen-

(1) 13 juillet 1831, Chambre civile. D. 31-1-242.

« tie à Busco par de Lemps comme la suite d'un concert « frauduleux entre le cédant et le cessionnaire » que Busco ne peut revendiquer aucune priorité pour s'attribuer des droits autres que ceux de son cédant et exclure la compensation à laquelle de Lemps n'aurait pas pu se refuser.

Il nous a paru intéressant de reproduire cet arrêt où nous voyons la connaissance produire les effets de la signification sous le couvert d'une fraude imaginaire ; car si les agissements des sieurs Busco et de Lemps ne laissent pas de doute sur la mauvaise foi qui les anime ; aucun concert frauduleux ne peut être relevé à leur charge ; il suffit, pour s'en convaincre, de lire le fidèle exposé que nous avons fait de l'affaire. L'unique grief invocable contre Busco et Perrin et que la Cour de cassation a voulu punir, c'est leur connaissance indéniable de la cession ; la fraude n'est qu'un prétexte employé par la Cour suprême pour ne pas heurter de front l'article 1690.

Moins préoccupée de se mettre d'accord avec les textes, le 2 mai 1842, la Cour de Bastia (1) ne craint pas de décider que la connaissance du débiteur cédé l'empêche de se prévaloir du défaut de signification. La connaissance du cédé résultait ici d'un avis donné par le cédant au cédé l'informant qu'il avait remis son titre de créance au cessionnaire (ce titre, en l'espèce, était un compte arrêté entre le cédant et le cédé par lequel ce dernier se reconnaissait débiteur d'une somme de

(1) Bastia 2 mai 42. S. 42-2-458.

1996 francs). La question est soumise à la Cour suprême qui confirme cette décision en ces termes : « Si en droit la cession « ou transport d'une créance ne peut être opposé au débiteur « de la créance qu'autant que ce transport a été signifié, « l'arrêt pour prononcer la validité du transport s'est fondé « en fait sur les explications qui avaient eu lieu devant le « tribunal, sur la correspondance et les documents qui étaient « produits et sur la connaissance qu'avait eue le demandeur « de l'existence et de la sincérité du transport et en appréciant « ces divers éléments, la Cour n'a fait qu'user du droit qui « lui est attribué par la loi, qu'ainsi cet article du code (1690) « n'a pas été violé » (1). La Cour de Cassation éprouve ici ce même besoin de justification qui tout à l'heure dans un cas semblable lui faisait invoquer la fraude. La connaissance du débiteur cédé supplée, dit-elle, à la signification ; en décider ainsi n'est pas violer l'article 1690, cela est peut-être vrai, mais aurait besoin d'être démontré. Quoiqu'il en soit, cet arrêt reconnaissait à la connaissance du débiteur cédé et vis à vis de lui le même pouvoir qu'à la signification. Cette jurisprudence a-t-elle été modifiée ? On l'a prétendu.

Tout récemment, le problème de la connaissance s'étant posé vis à vis des tiers autres que le cédé, M. le conseiller Crépon, dans son rapport (2) sur cette affaire, aborde la question vis à vis du débiteur cédé. Selon lui, il faut distinguer deux hypothèses :

(1) Req. 17 août 44. S. 49-1-49.
(2) S. 98-1-113.

Situation du cédé vis à vis du cessionnaire et du cédant.

Situation du cédé vis à vis des créanciers du cédant.

Laissons momentanément cette seconde hypothèse de côté. Concernant la première, on a soutenu que la connaissance du débiteur cédé équivaut vis à vis de lui à la signification ; c'est trop absolu, dit M. Crépon. D'abord il y a deux arrêts en sens contraire (6 mars 1828, 17 mars 1840 précités) qui nient tout effet à la connaissance. M. le Conseiller Crépon se demande ensuite si depuis cette époque la Cour de Cassation a modifié sa jurisprudence et il la trouve au contraire confirmée dans deux arrêts postérieurs du 17 février 1874 (1) et du 6 février 1878 (2).

Aux termes du premier, la signification n'est plus nécessaire alors qu'il est établi que le débiteur a eu connaissance d'une manière quelconque de la cession et qu'il a voulu frauduleusement en paralyser l'effet.

Attendu, dit le second, que si aux termes de l'article 1690 la signification ou l'acceptation dans un acte authentique du transport est indispensable pour saisir le cessionnaire vis à vis des tiers, le débiteur cédé est lié envers lui par tout engagement personnel résultant de toute acceptation sous seing privé, verbale ou même tacite. Il résulte de là, conclue M. le conseiller Crépon, qu'en dehors de la fraude, la saisine ne peut être acquise au cessionnaire à l'égard du débiteur que

(1) Req. 17 fév. 74. S. 75-1-399.

(2) Req. 6 fév. 78. S. 78-1-168.

par la signification ou la preuve de l'acceptation du cédé.

Nous nous permettrons d'être d'un avis contraire.

A l'arrêt du 6 mars 1828, nous opposerons celui du 13 juillet 1831 (précité) à celui du 17 mars 1840, l'arrêt du 17 août 1844 (précité) qui, postérieurement aux précédents, est venu résoudre dans le sens de l'affirmative le problème de la connaissance acquise et c'est là le dernier arrêt rendu sur la question, car ceux de 1874 et 1878 que M. le conseiller Crépon fait entrer dans la discussion, ne s'occupent pas directement de la connaissance. Nous irons même plus loin, le second y est absolument étranger. Il a uniquement en vue les effets de l'acceptation non authentique auxquels il oppose ceux d'une notification régulière.

Quant à l'arrêt de 1874, voici l'espèce au sujet de laquelle il fut rendu.

Les sieurs Tenré fils et Cie, banquiers, avaient pris inscription sur les biens dont un sieur Morel était co-propriétaire indivis avec ses deux sœurs, la dame Lecourt et la demoiselle Morel depuis lors mariée au sieur Jacob. Suivant acte passé le 20 juillet 1867, il fut stipulé formellement entre eux :

1° Que Morel et consorts ne pourraient procéder à aucun partage des biens indivis sans y appeler les sieurs Tenré ;

2° Que dans le cas où une licitation aurait lieu, les sieurs Tenré auraient droit à une somme égale à leur créance à prendre par préférence aux co-propriétaires et à leurs futurs cessionnaires dans toute soulte qui leur serait attribuée par suite du partage ou dans le prix de la licitation. Or :

1° Le 22 février 1868, le partage a lieu en l'absence des sieurs Tenré ;

2° Le 24, revente immédiate et manifestement convenue d'avance faite par la dame Jacob à un sieur Gagueux de l'immeuble principal figurant dans la masse au même prix que celui moyennant lequel elle en était attributaire ;

3° Clause reconnue inexacte par les intéressés eux-mêmes que la dame Jacob aurait payé comptant la somme de 30.000 francs, montant de la soulte due à ses co-partageants.

La cour de Paris constate que toutes ces combinaisons ont uniquement pour but de frustrer les sieurs Tenré et de les priver du bénéfice de la convention de 1867 et considérant que « la dame Jacob a sûrement participé à cette fraude en se prê« tant à devenir attributaire de l'immeuble qu'elle a immédia« tement revendu au sieur Gagneux et en recevant quittance « des soultes de partage comme si elle les avaient payées de « suite à ses copartageants, considérant que les frères Tenré « ont signifié le 24 mars 1868 à la dame Jacob le transport des « soultes, que pour se soustraire à l'effet de cette signification « la dame Jacob ne pourrait se prévaloir ni de la quittance « mensongère insérée dans l'acte de partage ni du prétendu « payement qu'elle aurait fait.... considérant que ce payement « n'est constaté ni justifié par aucune preuve sérieuse déclare « que la signification du 24 mars 1868 a utilement saisi les « frères Tenré. »

C'est sur le pourvoi contre cette décision que la cour de Cassation rend son arrêt du 17 février 1874 dont s'empare M.

le conseiller Crépon pour soutenir qu'en jurisprudence la simple connaissance du débiteur cédé ne suffit pas pour saisir le cessionnaire vis-à-vis de lui ; mais cet argument n'est pas décisif : certes la formule employée par la cour Suprême prête à l'équivoque et c'est pour cette raison que nous avons tenu à la replacer dans son cadre où elle se présente comme la résultante d'un procès dont les débats ont roulé presque uniquement sur la fraude ; la portée en est dès lors singulièrement diminuée, la Cour constate qu'il y a connaissance ; elle constate en outre que cette connaissance se complique des manœuvres frauduleuses les plus caractérisées ; elle relève à la fois les deux griefs dans son arrêt ; le premier eut sans doute été suffisant, mais il était impossible de ne pas parler du second après en avoir fait l'objet de tout le débat, ce qui eut donné la sensation d'un arrêt inachevé. Sans doute la formule eut pu être plus claire, mais lue comme elle doit l'être à la suite des débats, elle n'est pas susceptible de deux interprétations.

L'opinion que nous proposons est celle des cours d'Appel, à une époque relativement récente (1), la cour d'Orléans jugeait que « si aux termes de l'article 1690 le cessionnaire n'est saisi « à l'égard des tiers que par la signification du transport au « débiteur, cette signification n'est pas indispensable quand le « cessionnaire de la créance a donné connaissance d'une « manière formelle au débiteur cédé du transport qui lui a été « fait. »

(1) Orléans, 4 décembre 1886.

Tel est aussi l'avis de M. Huc qui n'est pas suspect puisque lui-même soutient la théorie contraire. « Il semble, dit-il, que « la jurisprudence de la cour de Cassation est surtout déter- « minée par cette idée que le débiteur qui a été prévenu par « le cessionnaire n'a pas besoin d'être officiellement prévenu « par la signification. »

Et puis, nous verrons que personne (pas même M. le conseiller Crépon) ne met en doute que ce soit là la solution de la jurisprudence en ce qui concerne les tiers autres que le débiteur cédé, or, l'article 1690 réunit tous les tiers sous un même vocable; il fixe leur situation dans une même phrase et l'on ne conçoit pas logiquement qu'il soit fait une situation différente aux uns et aux autres.

Nous tirerons enfin un puissant argument d'une tendance indéniable de la jurisprudence à faire produire à la connaissance dans de nombreux cas où la publicité est exigée sous certaines formes tous les effets de cette publicité (transmission de navires, transfert de titres, vins platrés), aussi la solution ne fait-elle aucun doute pour nous et l'on ne peut nous accuser de témérité lorsque nous concluons en affirmant qu'à la question de savoir si le débiteur cédé informé indirectement de la cession doit se considérer comme le débiteur du cessionnaire et refuser le payement au cédant la cour de Cassation comme elle l'a fait en son dernier arrêt répondrait encore aujourd'hui par l'affirmative.

Nous allons aborder maintenant l'étude de la deuxième question que soulève la connaissance du débiteur cédé et pour l'examen de laquelle nous avons annoncé au début de cette section un alinéa deuxième.

§ 2. — **La connaissance acquise par le débiteur peut-elle être opposée aux tiers comme suffisante pour avoir investi le cessionnaire ?**

Cette question a été soumise à la Cour de Cassation qui l'a résolue contre les tiers par un arrêt de la Chambre des Requêtes du 25 juillet 1832 (1).

Une créance sur Delaunay avait fait l'objet de nombreux transferts ; du sieur Fould, elle était passée à Jouenne qui avait fait pratiquer des saisies-arrêt ; de Jouenne, elle était passée à Prudhomme qui l'avait vendue à Ardouin après avoir fait à son tour des oppositions. Fould prétendit que toutes ces cessions étaient simulées et frauduleuses, que lui seul était propriétaire de la créance sur Delaunay. Un arrêt par défaut rendu entre lui et Prudhomme le décide ainsi et Prudhomme le laisse passer en force de chose jugée. Mais Ardouin y forme tierce opposition dans les délais utiles comme cessionnaire de Prudhomme. Fould lui objecte que sa cession n'a pas été signifiée au débiteur.

Sur ce débat, la Cour considérant que Delaunay a été *partie dans tout le litige engagé à raison des saisies-arrêts des divers porteurs de la créance ; qu'ainsi il avait eu connaissance suffi-*

(1) Req. D. 33-1-67.

sante et officielle du transport et avait su entre les mains de qui il devait payer, qu'ainsi le vœu de l'article 1690 avait été rempli.

Même décision rendue quelques années plus tard par la Cour de Rouen. La connaissance constatée par acte authentique que le débiteur a eue de la cession équivaut et pour ce débiteur et pour les tiers à l'acceptation du transport et dispense le cessionnaire de signification ; arrêt qui mérite une mention spéciale, car il tente de justifier la solution qu'il donne par les motifs de la loi.

« Attendu, dit-il, que la loi, en exigeant la signification, a « voulu tout à la fois que le cessionnaire fut saisi de la chose « cédée envers le débiteur, de manière que celui-ci ne put se « libérer à son préjudice et en outre que cette exécution don- « née à l'acte et constatée authentiquement devint un témoi- « gnage de sa sincérité..... la signification devenait inutile « alors que par ministère d'huissier, il (le débiteur) déclarait « avoir connaissance de l'acte et protester contre ses dispo- « sitions, que cette connaissance constatée par acte authen- « tique équivalait et pour le débiteur et pour les tiers à « l'acceptation qui dispense de la signification, que par accep- « tation la loi n'a pas entendu le consentement à exécution mais « l'aveu ou la déclaration que ce transfert était connu (1) ».

Nous ne saurions, d'après cet arrêt relativement ancien et non déféré à la Cour de Cassation, préjuger ce que serait aujourd'hui son avis sur l'espèce spéciale de la connaissance

---

(1) Rouen 14 juillet 1847. D. 1849. 2-241.

authentique ; mais en ce qui concerne la simple connaissance, l'arrêt de 1832 est à notre avis contredit par tout une jurisprudence postérieure sur les effets de l'acceptation non authentique; cette acceptation implique nécessairement la connaissance et il ne lui manque pour réaliser les exigences de l'article 1690 que l'authenticité; or, la jurisprudence a toujours refusé d'étendre aux tiers les effets d'une pareille acceptation.

Nous montrerons en outre en son temps que la solution de l'arrêt de 1832 est contraire à la notion exacte de la connaissance et aboutirait souvent à des injustices.

Aussi, bien que sur le seul arrêt rendu en cette matière, nous soyons obligés de constater la réponse affirmative de la jurisprudence à la question de savoir si la connaissance acquise au débiteur peut être opposée aux tiers comme suffisante ponr avoir investi le cessionnaire, nous croyons bien voir décider le contraire si l'occasion se présente un jour à la Cour suprême de se prononcer à ce sujet.

Section 2e. — *La connaissance des tiers autres que le débiteur cédé.* — La question se pose vis à vis d'eux de la manière suivante : Un cessionnaire postérieur de la créance ou les créanciers du cédant qui sont également des tiers peuvent-ils, quoiqu'ils aient connaissance de la cession non signifiée ni acceptée, se prévaloir de l'article 1690 soit s'il s'agit d'un cessionnaire pour réclamer la qualité de cessionnaire vis à vis du cessionnaire antérieur, soit s'il s'agit des créanciers du cédant pour saisir la créance comme appartenant au cédant.

Les décisions sont plus nombreuses ici, et l'on y rencontre

moins d'hésitation que lorsqu'il s'agissait du débiteur cédé. Dès avant le milieu du XIXe siècle, la Cour de Cassation rend une série d'arrêts qui ne peuvent laisser aucun doute sur son opinion. Le premier, du 14 mai 1831 (1), décide que la règle de l'article 1690 ne peut être invoquée que par les tiers de bonne foi et ne peut l'être par celui qui a eu connaissance de la cession, notamment par le mari qui a autorisé sa femme dans un acte de transport fait à son profit. Cette solution semble sans doute très naturelle à la Cour de Cassation qui se borne à l'affirmer sans se donner la peine de la motiver.

Quelques années plus tard, même décision fondée cette fois sur l'article 1382, nous trouvons cette argumentation dans un arrêt de la Chambre des Requêtes du 6 mars 1838 qui, constatant en fait que le cessionnaire avait eu connaissance d'une cession antérieurement faite par son cédant à raison de la signification faite par ledit cessionnaire à la caisse hypothécaire et de la réponse faite à cette signification qui l'avait mis à même de savoir que son cédant s'était depuis plus de cinq ans dépouillé en faveur de ses créanciers réunis de la créance en litige décide : « Attendu que chacun est responsable du « dommage qu'il a causé à autrui non seulement par son fait, « mais encore par sa négligence ou par son imprudence « attendu qu'il résulte de l'ensemble des actes, faits et cir- « constances de la cause que le cédant ne pouvait plus dispo- « ser de sa créance, l'arrêt attaqué (de la Cour de Paris,

(1) Req. S. 1834. 1-718.

« 20 février 1837) constate en fait que l'acquisition faite et le « payement effectué par le cessionnaire constituaient de sa « part un acte d'imprudence et que par son fait il a porté « préjudice aux créanciers du cédant acquéreurs sérieux et « antérieurs ; que d'après cela, en privant le cessionnaire du « bénéfice de la cession faite à son profit par le cédant de la « moitié de la créance dont s'agit, l'arrêt n'a fait qu'une juste « application du principe de l'article 1382 » (1).

A peu de temps de là, troisième arrêt dans le même sens, mais fondé encore sur une autre raison : A la suite de circonstances qui ne nous intéressent guère, une convention verbale intervient le 3 août 1835 entre la dame Girault et les sieurs Charles et Théodore, ses fils, en vertu de laquelle chacun d'eux s'engage à fournir à sa mère une pension annuelle de 1.500 francs, au service de laquelle Charles affecte une somme de 20.000 francs lui appartenant dans une somme de 60.000 francs due indivisément aux enfants de la dame Girault. — Au mépris de cette convention, Charles transporte ladite somme à la femme de Théodore — la Cour de cassation saisie sur pourvoi décide que le transport ne peut nuire à la dame Girault, qu'un tel transport est nul en vertu du principe qui veut que « nul ne puisse transporter « à autrui plus de droits qu'il n'en a lui-même (2) ».

Fort de tous ces arrêts, et arguant du même principe, le tri-

(1) Req. 6 mars 1838. S. 1838, 1-630.

(2) Cir. 13 janvier 45, S. 45, 1, 319.

bunal de Nantes maintient les droits de gage non publiés d'un sieur Guy sur une créance à l'encontre d'une cession postérieure, mais régulièrement notifiée de la même créance consentie au sieur Beauvisage par le titulaire de la créance, un sieur Hénault. Déférée à la Cour suprême, cette décision est cassée pour violation des articles 1690 et 2075.

Saisi sur renvoi, le tribunal de Versailles décide le contraire à raison de la connaissance par Beauvisage du nantissement antérieur à la cession faite en sa faveur. Il est intéressant de rapporter les circonstances qui selon le tribunal prouvent la connaissance du sieur Beauvisage. « Attendu dit l'arrêt qu'il « est constaté que Beauvisage se livre à des opérations de « remplacement militaire en fournissant des fonds à des « agences d'assurance qui le garantissent de ses avances par « la cession des bénéfices stipulés à leur profit dans les divers « contrats d'assurance. Attendu que des opérations de cette « nature supposent nécessairement que ces agents stipulent « soit dans l'intérêt personnel de Beauvisage sauf rétribution, « soit dans leur intérêt commun et qu'elles ne permettent en « aucun cas de considérer Beauvisage comme étranger aux « conventions contenues dans les contrats d'assurance et pou- « vant les ignorer de bonne foi... La signification par lui « faite au cédé de son acte de transport antérieurement à « Guy n'a pu avoir pour effet de le saisir régulièrement de « ladite créance au préjudice des droits de Guy dont il avait « connaissance ».

Nouveau pourvoi de la part de Beauvisage — la Chambre

civile (1) revenant sur son arrêt de 1845, ratifie le jugement du tribunal de Versailles.

A cette époque, on peut dire avec certitude que la connaissance acquise par les tiers d'une cession non signifiée ni acceptée équivaut vis-à-vis d'eux à la signification. Aussi le zèle des plaideurs se ralentit, et pendant près d'un demi siècle, la Cour de cassation n'a plus l'occasion de se prononcer à ce sujet; ce n'est qu'en 1894 que la question se pose à nouveau dans une affaire qui donne lieu à deux arrêts contradictoires et dont le dernier, du 7 juillet 1897 (2), rendu sur le rapport de M. le conseiller Crépon, clot l'affaire en décidant que un créancier du cédant qui a non seulement eu connaissance de la cession non signifiée ni acceptée, mais en a eu une « connaissance spéciale et personnelle » ne peut plus se prévaloir de l'article 1690 pour saisir la créance comme appartenant au cédant.

« Qu'est-ce à dire, s'écrie M. Wahl (note sous cet arrêt) se « peut-il matériellement qu'on ait connaissance d'un fait sans « en avoir une connaissance personnelle. Toute connaissance « d'un fait par une personne n'est-elle pas par là même per- « sonnelle? N'est-elle pas aussi spéciale? » Il constate ensuite que s'il existe un *criterium* pour distinguer la connaissance simple et la connaissance personnelle, le rapport de M. le conseiller Crépon n'apporte aucune lumière sur ce point.

---

(1) 4 janvier 48, S. 48, 1, 103.
(2) S. 98, 1, 113.

— Puis : « Nous voudrions pouvoir émettre l'hypothèse que « la Cour de cassation, tout en reconnaissant qu'au défaut « de signification n'équivaut pas la connaissance acquise a « entendu faire une exception pour le cas de fraude ;... mais « outre que le tiers dans l'espèce si peu intéressant qu'il fut « d'ailleurs n'avait pas commis de fraude caractérisée, le « rapport de M. le conseiller Crépon distingue très nettement « la fraude et la mauvaise foi. »

Il suit de tout ce qui précède que la Cour de cassation a employé en parlant de connaissance personnelle et spéciale une formule peu heureuse qui n'est pas susceptible d'une explication littérale et dont le sens ne peut être éclairé que par les débats du procès dont elle a été la conslusion et que pour cette raison nous allons exposer ici.

Un sieur Brégante, ayant obtenu la concession d'un domaine en Egypte, s'était entendu pour les premiers travaux à y faire avec un sieur Kerform, qui devait être rénuméré par des allocations annuelles et des indemnités.

Brégante, ces arrangements faits, quitte l'Egypte pour venir fonder en France une société à laquelle il apporte tous ses droits dans sa concession, y compris les fermages dûs par deux fellahs. Le Tribunal de Port-Saïd, et sur appel la Cour d'Aix, annulent la saisie-arrêt « le défaut de signifi- « cation de l'apport des créances à la société ne peut être « invoqué par Kerform qui, au moment de la saisie-arrêt, « connaissait l'apport antérieur fait par son débiteur à la

« société », Saisie sur pourvoi, la Chambre civile (1) infirme la décision de la Cour d'Aix pour violation de l'article 1690 et renvoie l'affaire à la Cour de Nîmes qui, à l'encontre de l'arrêt de renvoi, décide que l'article 1690 ne peut être invoqué que par les tiers de bonne foi et annule les saisies-arrêt pratiquées par Kerform. Nouveau pourvoi de la part de ce dernier. La Chambre civile adopte une opinion nouvelle ; elle déclare que Kerform n'a pas seulement connu la cession des fermages mais qu'il en a eu une « connaissance spéciale et personnelle » à raison de sa situation vis-à-vis de la Société Brégante et Cie, et cette connaissance tient lieu, vis-à-vis de lui, de la signification (7 juillet 1897, précité).

Telle est la genèse de la formule, qu'à juste titre, M. Wahl critique si vivement.

Nous aurions pu croire tirer des éclaircissements de la situation particulière de Kerform, mais ce dernier s'est borné à collaborer à la formation de la Société Brégante et Cie, et il n'y a rien dans cette coopération qui puisse donner à sa connaissance des qualités anormales.

Plus loin, la Cour de cassation tente d'interpréter sa formule :

Dans le cas de connaissance personnelle, on ne saurait, dit-elle, être de bonne foi.

Mais, ainsi que le fait remarquer M. Wahl (note précitée), « être de bonne foi vis-à-vis d'un fait, c'est l'ignorer ; être de

---

(1) 24 décembre 1894, S. 1895-1-69.

« mauvaise foi, c'est le connaître; le tiers est donc de mauvaise « foi par cela seul qu'il connaît la cession et que, la connais- « sant, il se fait attribuer des droits sur la créance cédée ».

Ainsi, la définition de la connaissance personnelle convient aussi à la simple connaissance; nous avons, en outre, montré qu'il était impossible d'avoir connaissance d'un fait sans en avoir une connaissance personnelle, déduisons que l'une et l'autre se confondent. Tel est l'avis de M. Demogue.

Après avoir constaté que la Chambre civile a employé une formule peu heureuse, il se demande si l'arrêt de 1898 a pu renverser la jurisprudence antérieure. « Nous ne le pensons « pas, dit-il, nous croyons qu'en somme la Cour de cassation « a une doctrine plus simple que les rapporteurs eux-mêmes « ne le supposent. Un acte soumis à la publicité a été dressé, « mais la publicité n'a pas eu lieu ; une personne sait que cet « acte a été fait mais non publié ; par une acquisition, un « payement ou toute autre opération, elle paralyse l'acte resté « secret, c'est une fraude : elle est coupable. On tient compte « de la connaissance de fait (1) », et plus loin, M. Demogue nous montre que, selon lui, la portée de la formule de l'arrêt de 1898 se réduit à une simple question de mots.

Concluons que la connaissance équivaut vis-à-vis des tiers informés à la signification et pour donner satisfaction au vœu que semble formuler l'arrêt de 1898 dans sa formule « connaissance personnelle », disons, selon l'expression de M. Laurent,

---

(1) *Revue trimestrielle de droit civil*, 1905, page 896.

que cette connaissance devra être aussi certaine que s'il y avait eu signification, mais remarquons pour terminer que cette exigence n'ajoute rien aux arrêts antérieurs qui n'ont jamais basé leurs décisions que sur une connaissance bien déterminée. Nous n'en voulons pour preuve que les arrêts par nous cités. La connaissance y résulte chez le débiteur de sa présence à une instance où l'acte de cession a été produit (13 juillet 1831).

Ou bien le débiteur a été partie dans un litige sur la propriété de la créance (25 juillet 1832). Ou enfin il a reçu un avis du cédant l'informant de la cession. (Bastia 2 mai 1842).

En ce qui concerne les tiers autres que le débiteur, la cour de Cassation n'a pas été moins sévère pour l'admission de la preuve de la connaissance. Témoin l'arrêt de 1838 où la connaissance chez le cessionnaire d'une cession faite antérieurement par son cédant résulte d'une signification faite par ledit cessionnaire à la Caisse hypothécaire et de la réponse faite à cette signification qui l'avait mis à même de savoir que son cédant s'était depuis plus de cinq ans dépouillé en faveur de ses créanciers réunis.

Cette rigueur semble cependant s'être atténuée dans les arrêts postérieurs où la connaissance est présumée chez le tiers de mauvaise foi simplement à raison de sa situation personnelle (7 juillet 1897) et des opérations auxquelles il avait l'habitude de se livrer (4 janvier 1848). Nous renvoyons pour plus ample développement sur ces deux arrêts aux explications que nous venons de donner (pages 65 et 62).

APPENDICE I

De quelques solutions données au problème de la connaissance ailleurs que dans la cession de créances.

Si le moindre doute pourrait nous effleurer sur la solution favorable donnée par la cour de Cassation au problème de la connaissance dans la cession de créances ce doute serait effacé par la tendance que nous allons constater maintenant dans la jurisprudence à donner à la connaissance tous les effets de la publicité dans de nombreux cas où cette publicité est exigée sous des formes déterminées.

M. Demogue relève en ce sens deux décisions toutes récentes ; concernant la première le transfert des rentes nominatives, (article précité) la seconde la vente de vins plâtrés (1).

1° Vente de rentes nominatives sur l'État

Elle n'est parfaite vis-à-vis des tiers que par la formalité du transfert qui consiste dans la substitution sur le grand livre de la dette publique du nom de l'acheteur à celui du vendeur. Or un conflit s'étant élevé entre un cessionnaire de rentes nominatives et un créancier auquel le cédant les avait ensuite remises en gage, la cour de Cassation par arrêt du 10 janvier 1905 (2) décide que l'exercice du droit du cessionnaire ne peut être paralysé par l'effet du contrat de nantissement postérieur

---

(1) *Revue trimestrielle de droit civil*. 1908, page 112.
(2) D 1906-1-345.

à raison de la connaissance qu'avait le créancier nanti des cessions dont ces mêmes titres avaient déjà fait l'objet.

Décision toute naturelle puisque le transfert des titres est une variante de la cession de créances.

Plus décisif est l'exemple suivant car il est tout à fait étranger à la cession de créances. Il s'agit de la vente des vins plâtrés.

Les vins plâtrés au-dessous de deux grammes par litre n'étant pas placés hors du commerce par la loi du 11 juillet 1891, la mise en vente et la vente de ces vins sont permises en observant les formalités des articles 3 et 4 de la dite loi, c'est-à-dire en indiquant en gros caractères sur les fûts et récipients la qualité de vin plâtré; mais l'inobservation par le vendeur de ces formalités n'autorise pas l'acheteur à demander l'annulation de la vente s'il résulte des constatations des juges du fond corroborées par l'existence d'une vente antérieure de vins plâtrés entre les mêmes parties, que l'acheteur a connu le fait du plâtrage lors du contrat de vente (1).

Le droit commercial nous fournit un exemple non moins démonstratif de la tendance que nous avons signalée, dans l'importante matière de la transmission des navires.

La loi du 27 vendémiaire an II, exige pour toute mutation se produisant dans la propriété des navires, qu'il en soit fait mention : 1° sur le registre de la recette principale des douanes; 2° au dos de l'acte de francisation qui forme pour les

(1) Requête, 26 avril 1906. Dalloz, 1907, 1-510.

navires une sorte de registre de l'état-civil. Ces deux formalités constituent la mutation en douane.

La mutation en douane est exigée pour que la transmission de la propriété des navires soit opérée à l'égard des tiers ; tant qu'elle n'est pas faite, ceux ci peuvent considérer l'ancien propriétaire comme ayant conservé la propriété.

Or il a été jugé à plusieurs reprises (1) que si des tiers connaissant en fait le changement non publié intervenu dans la propriété du navire agissent comme s'ils l'ignoraient, leur mauvaise foi les prive du droit d'opposer le défaut de publicité.

Ces trois exemples nous montrent que les décisions rendues sur le problème de la connaissance dans la cession de créances ne sont pas isolées, qu'elles ne sont que l'une des manifestations d'un mouvement plus vaste qui ne tend à rien moins qu'à élever la connaissance à la hauteur d'un principe ; principe que nul ne pourra à moins d'un texte exprès arguer du défaut de publicité d'un acte s'il a été indirectement informé de la conclusion de cet acte. On nous objectera peut-être que la Cour de Cassation a toujours refusé de donner aucun effet vis à-vis des tiers à une transmission de propriété non transcrite, mais cette objection ne fait que confirmer ce que nous venons de dire puisque dans le cas de la transcription, le texte exprès existe : l'article 1071.

---

(1) Caen, 25 août 1868, S. 1870-2-247. Tribunal de commerce de Marseille, 9 mai 1876, *Journal de Marseille*, 1876-1-186 ; plus récemment Rennes, 8 décembre 1892. *Revue internationale de droit maritime*, 1893-94, p. 26.

APPENDICE II

1° Des effets de l'acceptation non authentique
2° De l'ordre dans les créances civiles

L'article 1690 ne requiert l'authenticité que vis-à-vis des tiers, mais il ne restreint la capacité de s'obliger de personne ; par suite s'il intervient de la part du débiteur une acceptation sous seing privé verbale ou même tacite, cette acceptation implique un engagement envers le cessionnaire valable par le seul concours des volontés, d'où il résulte que le débiteur ne peut plus payer entre les mains du cédant. Solution qui n'a jamais été sérieusement contestée et qui a pour elle l'unanimité des auteurs (1) et la jurisprudence (2).

L'acceptation authentique soulève deux questions importantes :

I. — L'acceptation sous seing privé résultera tout naturellement de tout acte la constatant émané du débiteur — l'efficacité de l'acceptation verbale soulèvera une question de preuve à laquelle il faudra appliquer le droit commun ; mais quand pourra-t-on dire qu'il y a acceptation tacite ?

---

(1) Huc, *Cession de créances*, t. II, n° 346. Guillouard, t. II, n° 779, Baudry-Lacantinerie et Saignat, *Vente et échange*, n° 776. Laurent. t. XXIV, n° 487. Duranton, tome XVI, n° 496.

(2) 1er décembre 1856, D 56, 1, 439, 31 janvier 1821, 29 novembre 1838, S. 39, 2, 327, Nancy, 24 janvier 1825, 6 février 1878, S. 78, 1, 168.

II. — Le débiteur avons nous dit par son acceptation s'engage envers le cessionnaire ; quelle est la portée de cet engagement ?

I. — Acceptation tacite

La Cour de Cassation nous en fournit un exemple dans un arrêtdu 6 février 1878 (précité), suivant lequel il y a acceptation tacite du débiteur lorsque le cessionnaire ayant été colloqué dans un ordre ouvert sur le débiteur cédé, celui-ci sommé de contredire à cette collocation s'est abstenu de la contester et laisse s'opérer ainsi le payement de ses deniers. « Attendu « que si aux termes de l'article 1690 la signification du trans- « port au débiteur ou l'acceptation de celui-ci par acte authen- « tique est indispensable pour saisir le cessionnaire à l'égard « des tiers, le débiteur cédé est lié envers lui par l'engagement « personnel résultant de toute acceptation sous seing privé ou « verbale ou même tacite que l'acceptation tacite ressort « virtuellement des faits qui contiennent une adhésion néces- « saire à la cession comme par exemple si le débiteur paye au « cessionnaire une partie de la somme cédée. »

Il faudrait encore voir un cas d'acceptation tacite dans l'hypothèse où un notaire étant lui-même débiteur reçoit l'acte de cession concernant la créance dont il est tenu ; l'acte ne vaut, que comme sous seing privé puisque le notaire y était personnellement intéressé ; mais en recevant l'acte de transport, non seulement le notaire reconnait implicitement la dette, mais encore il accepte la cession et dispense les parties de faire la signification prescrite par l'article 1690.

On ne saurait admettre la distinction subtile entre sa qualité de notaire instrumentant et celle de débiteur cédé pour soutenir que, en cette dernière qualité, il n'a donné aucune adhésion formelle ou tacite à la cession (1).

En résumé, reprenant la formule de l'arrêt de 1878, nous dirons que l'acceptation tacite résulte de tout acte impliquant nécessairement l'adhésion du débiteur à la cession.

II. — Portée de l'engagement du débiteur.

Cette question a été soulevée à l'occasion de deux arrêts déjà anciens, 31 janvier 1821 et 29 novembre 1838 précités, suivant lesquels quand au bas de l'acte de cession ou transport sous seing privé d'une créance se trouve l'acceptation du débiteur, il en résulte que ce débiteur s'est personnellement obligé envers le cessionnaire et qu'il doit être condamné à payer celui-ci nonobstant la signification qui lui a été faite d'un second transport consenti postérieurement à un tiers par le créancier.

Il faut bien se garder, disent MM. Baudry-Lacantinerie et Saignat, (loc. cit.), de voir une solution de principe dans ces décisions qui obligent le débiteur à payer deux fois : une fois au cessionnaire dont il a accepté la cession, une autre fois au

(1) *Pandectes françaises*, V° *Actes notariés*, n° 344.

cessionnaire qui a fait notifier la sienne et l'a rendue ainsi opposable au premier cessionnaire et ces auteurs concluent : L'acceptation faite par le débiteur veut dire seulement qu'il connaît la cession et qu'il s'interdit de payer le cédant au détriment du cessionnaire dont il a accepté la cession, mais si le bénéficiaire d'une autre cession rend le premier son droit opposable aux tiers, il devient ainsi préférable au premier cessionnaire.

Cette formule ; nous la ferons nôtre ; les arrêts que nous avons cités aboutiraient à un résultat inique. Il est cependant un cas où cette solution devrait être obligatoirement admise : Si l'acceptation était conçue dans des termes tels qu'elle contiendrait l'engagement de payer au cessionnaire.

Nous avons tenu à montrer les effets de l'acceptation sous seing privé et à étudier spécialement l'acceptation tacite à cause des rapports étroits qui existent entre cette dernière et la simple connaissance du débiteur cédé.

M. le conseiller-rapporteur Cuniac (arrêt de 1878), il est vrai, enseigne qu'il faut les distinguer soigneusement, car outre la connaissance, dit-il, l'acceptation tacite implique l'adhésion du débiteur.

Nous ne croyons pas que cette différence doive être prise en considération :

Ce qui est important dans l'adhésion du débiteur, c'est la connaissance nécessaire qu'elle implique de la cession ; en tant que consentement au transport, elle est absolument inutile ; et cela est si vrai qu'il suffit de porter la cession à la connaissance du débiteur par la signification pour s'en passer et même pour opérer le transport à l'encontre de la volonté du débiteur.

Il y a donc une simple nuance entre l'acceptation tacite par le débiteur et sa connaissance de la cession. Au premier cas, l'information du débiteur résulte d'un fait qui lui est personnel ; son adhésion ; au second cas elle peut encore découler d'un fait personnel : par exemple la présence du débiteur dans une instance sur la propriété de la créance où il apprend que tel individu est devenu cessionnaire ; mais elle peut en outre provenir d'un fait qui lui est étranger : une lettre recommandée....

2° De l'ordre dans les créances civiles

Il nous a paru intéressant de rapprocher de l'acceptation non authentique l'étude de l'introduction de l'ordre dans les créances civiles. L'individu qui se rend débiteur en vertu d'un titre à ordre s'engage à payer à celui qui détiendra ce titre au jour de l'échéance. En d'autres termes, il accepte d'avance tous les changements qui peuvent intervenir dans la propriété de la créance. L'ordre est donc comme l'acceptation non authentique une modalité de la formalité requise par l'article 1690.

La signification paraît avoir été longtemps la seule formalité susceptible de rendre un transfert de créance opposable aux tiers ; l'acceptation authentique n'apparaît que fort tard dans notre ancien droit, et Pothier (1) est le premier auteur qui nous en parle.

Ces formalités sont applicables aux créances civiles et commerciales et même aux effets de commerce. Cependant, vers le milieu du XVIIe siècle, on voit apparaître pour ces derniers la transmission par endossement qui diffère de la cession sous deux rapports : 1° la forme, 2° les effets ; car le droit cédé est transféré à l'égard des tiers indépendamment des formalités de l'article 1690.

Ce nouveau procédé prend de suite un développement considérable dans le droit commercial et le transport des lettres de change par endossement devient une pratique générale.

De nos jours, l'exception tend à élargir son domaine, et la question s'est élevé de savoir si une obligation civile peut être à ordre et par suite se transmettre par endossement.

Les Cours d'appel sont en désaccord à ce sujet mais se prononcent en majorité en faveur de la négative (2). Le système des arrêts est le suivant : l'article 1690 forme le droit commun en matière de cession de créances ; il est d'ordre public et les parties ne peuvent, par des conventions particulières se soustraire à son application.

Imbue des mêmes idées, la Cour de Riom, le 17 juillet 1875 (3),

---

(1) Procédure n° 514.

(2) Lyon, 22 mars 1830, R. D. V° Saisie n° 445. Grenoble, 7 février 1835. R. D. V° Effets de Commerce n° 377. Limoges, 27 nov. 1845 D. 47, 2, 37.

(3) Riom, 17 juillet 1875, et Cassation, 20 février 1877, D. 78. 1. 241, et la note de M. Beudant.

décide que les créances civiles ne peuvent être transférées par endossement — sur pourvoi, la Cour suprême casse cet arrêt et décide le contraire.

M. Beudant (note sous cet arrêt) constate que ce n'est pas la première fois que la jurisprudence se prononce en faveur de l'endossement et il cite quelques arrêts en ce sens (1). Il remarque ensuite que la presque unanimité des auteurs admet l'extension de l'ordre aux créances civiles. « On se méprend « gravement, dit Bravart Veyrières (2), quand on veut ratta- « cher la faculté de céder un titre par endossement à la nature « civile ou commerciale de ce titre. Sa cause véritable et sa « seule cause est la clause à ordre (3) ».

Puis il étudie lui-même la question. Selon lui, les principes qui constituent la théorie de l'ordre ainsi que les textes de loi actuellement en vigueur, imposent une réponse affirmative ; en effet, « l'introduction de l'ordre au XVIIe siècle fut moins « une innovation véritable qu'une manière particulière et « ingénieuse d'appliquer le droit commun. Le jour où l'on « admit que l'acceptation du débiteur équivalait à l'accepta- « tion qui était alors d'usage, on devait être conduit à se « demander à quel moment l'acceptation pourrait être faite ; « or, puisque rien ne limitait le temps d'accomplissement de

(1) Lyon 4 juin 1830 RD Privilèges et Hypothèques n° 1267. Paris 25 juin 1836 RD Effets de Commerce n° 376. — Req. D. 1850. 1-166.

(2) *Droit Commercial*. Tome III, page 141.

(3) Dans le même sens. PARDESSUS. *Droit Commercial*, Tome II, n° 330. MASSÉ. *Droit Commercial*. Tome III, n° 1573. BOISTEL Précis n°s 219-746-839.

« la formalité, elle pouvait donc être remplie par anticipa-
« tion..... La Cour de Bruxelles dit excellemment que
« l'obligé, en proposant ou acceptant la clause à ordre, a
« promis de reconnaître comme créancier quiconque serait
« porteur du titre..... C'est d'avance tenir pour signifié et
« avoir accepté le transport à quelque personne qu'il fut fait
« sans signification ultérieure ».

La même idée a été exprimée dans un arrêt de la Chambre des Requêtes précité, « attendu que le débiteur qui s'engage « par titre payable à ordre accepte d'avance pour créancier « non seulement le bénéficiaire ou preneur du billet, mais « encore tous ceux qui en deviendront propriétaires par en- « dossements successifs ».

Ces arguments sont concluants et nous sommes persuadés que si la question venait à se poser à nouveau, la Cour de Cassation n'hésiterait pas et que, comme en 1850 et 1878, elle se prononcerait en faveur de l'endossement.

Solution grosse de conséquences ; si l'on admet produits tous les effets de l'endossement :

1° La cession devient opposable aux tiers sans signification ni acceptation ;

2° Le cessionnaire est à l'abri de toutes les exceptions qui ne lui sont pas personnelles ;

3° Le cédant est garant non seulement de l'existence du droit, mais encore du payement effectif à l'échéance ;

4° Le débiteur ne pourra valablement payer qu'au porteur et sur présentation du titre.

Une autre déduction se dégage de cette partie de notre étude ; c'est qu'il est toujours possible d'éviter de recourir aux formalités de l'article 1690; il suffit pour cela de donner à sa créance la forme à ordre ; considération importante que nous utiliserons pour combattre l'opinion de certains auteurs qui prétendent que l'article 1690 est d'ordre public (1).

(1) Il est curieux de constater qu'en pratique l'application aux créances civiles de la forme nominative ou au porteur n'a jamais soulevé aucune difficulté.

CHAPITRE III

Essai d'une théorie de la Connaissance.

De l'examen du chapitre précédent, il résulte pour solutionner le problème de la connaissance :

§ 1er. — L'on doit se dégager entièrement de la tradition historique à cause des différences de fondement qui existent entre la signification actuelle et les formalités similaires de l'ancien droit et du droit romain.

§ 2me. — Qu'à ce point de vue, trois systèmes divisent la doctrine :

1° Application rigoureuse de l'article 1690.

2° Système de la fraude.

3° Système qui divise les tiers en deux catégories ; d'une part le débiteur cédé, tous les autres tiers d'autre part donnant selon les auteurs les effets de la signification tantôt à la connaissance de l'un, tantôt à la connaissance des autres.

§ 3me. — Que la jurisprudence s'est prononcée en faveur d'un 4e système : La connaissance équivalent de la signification que nous désignerons désormais sous le nom de système de la connaissance acquise.

Le choix est assez difficile parmi ces diverses théories ; elles accusent en effet des divergences si profondes que se prononcer en faveur de l'une est repousser en même temps toutes les autres et on ne peut le faire qu'en détruisant successivement les arguments accumulés par leurs partisans à l'appui de chacun de ces systèmes. C'est donc un travail d'élimination que nous allons entreprendre pour faire la place nette à la théorie que nous croyons le mieux harmoniser les textes et l'esprit de la loi.

1er Système : *Application intégrale de l'article 1690.* — Il offre un avantage évident, dit-on, il supprime les procès et comme corollaire, donne le maximum de sécurité aux intéressés : de deux choses l'une, ou la signification a été faite, et les tiers n'ont qu'à s'incliner, ou il n'y a pas eu de signification, et la cession ne leur est jamais opposable. Le juge n'aura plus qu'un point à examiner : si la signification est régulière. Très réel avantage, mais l'adoption d'un pareil système aboutit à forcer le juge à valider des transactions nettement frauduleuses et de telles décisions ne peuvent que discréditer nos tribunaux. Et puis, est-ce un bien de réduire ainsi les pouvoirs du juge au point de les annihiler ? Le choix de nos magistrats offre suffisamment de garanties pour qu'on leur laisse au moins un peu de liberté.

Enfin, ce système méconnait un principe romain dont nu ne songe de nos jours à contester l'application : *Fraus omnia corrumpit* et auquel la loi du 23 mars 1855 sur la transcription est venue donner une consécration nouvelle, en décidant dans son article premier, que les actes non transcrits ne peuvent être opposés aux tiers qui auront contracté « sans fraude ». Le premier système, contraire aux principes et à l'équité, doit être repoussé.

Nous n'admettrons pas plus le troisième système qui divise les tiers en deux catégories, avec une situation privilégiée tantôt aux uns, tantôt aux autres. Nous estimons que l'article 1690, en réunissant tous les tiers sous un même vocable et en fixant leur situation dans une même phrase, a voulu écarter toute idée de distinction. Etablir entre eux des inégalités serait commettre une illégalité, et cela suffit pour que nous repoussions le troisième système.

Deux systèmes restent en présence : celui de la fraude et celui de la connaissance acquise.

Le premier est assez séduisant : il fait la part de l'équité en exceptant le cas de fraude et celle de la loi en n'admettant aucune autre dérogation au principe de l'article 1690. Il évite ainsi les reproches que nous faisions aux deux systèmes que nous venons d'examiner. Seulement, bon dans son principe, l'application en est difficile à cause du flottement de la notion de fraude. Nous avons vu qu'à ce point de vue deux conceptions principales divisent la doctrine.

Pour les uns, la simple connaissance est à elle seule constititutive de la fraude.

Selon les autres, la fraude ne peut résulter que du concert frauduleux que l'on doit soigneusement distinguer de la connaissance.

Peut-être la distinction n'est-elle pas aussi facile, d'autant plus qu'en pratique la connaissance se présente le plus souvent accompagnée de circonstances aggravantes. Comment apprécier le fait d'un homme qui, ayant pris part à tous les actes qui ont préparé ou amené une cession, profite ensuite du défaut de publicité pour se faire attribuer des droits sur les sommes cédées. Par exemple, une personne concourt à la création d'une société et débat ce qui doit lui être apporté, cédé ; puis, les cessions opérées, elle saisit arrête ce qu'elle a contribué à faire entrer dans l'actif social. Il arrivera encore que l'acte qui contient la seconde cession fera mention expresse de la première (1). Tous ces faits ne participent-ils pas à la fois de la fraude et de la connaissance ? En tous cas, de pareils agissements ne laissent-ils aucun doute sur les intentions des individus qui les mettent en œuvre ?

Et puis, ne peut on pas soutenir que le concert frauduleux, si instamment exigé par les partisans de la fraude pure, existe au cas de simple connaissance ? Le cédant, qui transporte à un second cessionnaire la créance achetée par un premier, fait un acte de la plus mauvaise foi. Le second cessionnaire qui, sciemment, prête les mains à cette spoliation, sert évidemment de complice au cédant puisque, sans lui, la fraude ne

---

(1) Ces deux espèces se sont présentées à la Cour de cassation, la première est rapportée au S. 1898-1-113.

pourrait se réaliser, son titre est par conséquent frauduleux (1).

Nous ne nions pas qu'une différence existe entre la fraude et la connaissance, mais nous constatons :

1° Que pratiquement on éprouve à les distinguer des difficultés insurmontables ;

2° Que Mourlon a pu confondre l'une et l'autre théoriquement. Peut-être une nuance les sépare-t elle, mais elle est insaisissable, si subtile que vouloir établir un *criterium* entre l'une et l'autre est illusoire.

Il suit de là qu'il y aurait dans l'adoption du système de la fraude pure, une source intarissable de procès, nés de l'incertitude. Le plaideur pourrait toujours espérer trouver un juge qui qualifierait fraude, ce qu'un autre aurait qualifié connaissance ou inversement, et il tenterait la chance. Ce n'est pas précisément le résultat cherché par l'article 1690.

Concluons que, ou bien selon la première conception, la théorie de la fraude se confond avec celle de la connaissance, ou bien alors elle est réduite à l'impuissance.

Un exemple typique pour en terminer :

Dans la première moitié du XIXe siècle, la jurisprudence avait adopté la théorie de la fraude, or, le 13 juillet 1831, la

---

(1) Nous trouvons cette argumentation dans le *Traité théorique et pratique de la transcription* de Mourlon (n° 452). Il en tire cette conséquence que l'exception de la fraude étant aussi étendue que la règle, elle doit être rejetée. Il conclue qu'une mutation non transcrite ne sera jamais opposable aux tiers.

Cour de cassation jugeait que la connaissance acquise par un nouveau cessionnaire d'une cession antérieure de la même créance « peut faire considérer la cession à lui consentie comme « le résultat d'un concert frauduleux entre le cédant et le « cessionnaire », et, quelques années plus tard (1840 précité) : « Attendu que le fait (la connaissance), en le supposant établi, « ne serait pas constitutif de la fraude et n'aurait pu dispen- « ser X. de l'observation d'une formalité prévue par la loi ». Ceci se passe de commentaires.

Reste le système de la connaissance équivalent de la signification. Il comporte trois propositions :

1) Le débiteur cédé, informé d'une cession, doit se considérer comme le débiteur du cessionnaire et refuser le payement au cédant.

2) La connaissance du débiteur cédé doit être regardée comme suffisante pour investir le cessionnaire à l'égard des tiers.

3) Un cessionnaire postérieur de la créance ou les créanciers du cédant ne peuvent plus, dès qu'ils ont connaissance de la cession non signifiée ni acceptée, se prévaloir de l'article 1690, soit s'il s'agit d'un cessionnaire pour réclamer la qualité de cessionnaire vis-à-vis d'un cessionnaire antérieur ; soit s'il s'agit des créanciers du cédant pour saisir la somme comme appartenant au cédant.

Nous venons de voir que la jurisprudence, après quelques hésitations, a fait siennes ces trois propositions et les a consacrées dans maints arrêts.

Il y a là, selon nous, une théorie inexacte.

1° Elle est exagérée : la connaissance est un élément purement personnel dont les effets doivent se borner à la personne informée ; assimiler complètement la connaissance et la signification, c'est en faire rejaillir les effets sur des personnes étrangères.

2° Cette théorie contient en outre une anomalie. L'article 1690 ne requiert l'authenticité que vis à-vis des tiers, mais il ne restreint la capacité de s'obliger de personne ; donc, le débiteur cédé qui est un tiers, conserve la faculté de traiter comme il l'entend avec le cédant et le cessionnaire : entre autres choses, il peut accepter la cession par acte sous seing privé ; cette acceptation ne peut avoir d'effet qu'à l'égard du débiteur de qui elle émane. Il en résulte que le débiteur ne peut plus payer valablement entre les mains du cédant. Mais remarquons bien que les autres tiers peuvent, nonobstant cette acceptation, considérer la créance comme étant restée dans le patrimoine du cédant.

Cette solution, découlant du principe de la liberté des conventions, n'a jamais été sérieusement contestée et une jurisprudence constante l'a confirmée dans de nombreux arrêts (1) ; mais elle a toujours refusé, d'accord avec la doctrine, d'étendre les effets d'une pareille acceptation et d'en proclamer l'opposabilité aux tiers. Or, cette acceptation sous

(1) Cassation, 1er décembre 1856 ; 6 février 1878 ; Nancy, 24 janvier 1825, précités.

seing privé implique nécessairement la connaissance chez le débiteur ; elle se rapproche, en outre beaucoup plus des formalités légales que la simple connaissance, puisqu'il ne lui manque que l'authenticité. Assimiler cette dernière et la signification, c'est faire produire plus d'effets à la connaissance qui est le moins, qu'à l'acceptation non authentique qui est le plus, ce qui est rationnellement inadmissible.

3° Supposons admise la théorie jurisprudentielle :

Une personne entre en relations avec le propriétaire d'une créance, elle n'a connaissance d'aucune cession antérieure et a acquis la certitude qu'aucune signification ni acceptation authentiques ne sont intervenues, relativement à cette créance. Elle croit pouvoir traiter en toute sécurité, car elle est en règle avec la loi et sa conscience, et l'on ne peut lui reprocher la moindre imprudence ou négligence ; néanmoins, comme la connaissance du débiteur cédé suffit pour investir le cessionnaire à l'égard des tiers, cette personne se verra primer par une autre qui, sans doute aussi est de bonne foi, mais qui est moins intéressante ; car elle n'a pas accompli les formalités légales et est coupable de négligence.

Voilà où conduit une théorie qui a faussé la notion de la connaissance, donnant ainsi beau jeu à ses adversaires qui s'emparent de ces résultats pour en proclamer l'injustice et la rejeter en bloc.

Nous estimons que c'est aller trop loin. Les reproches que nous venons de voir ne s'adressent qu'à une théorie exagérée de la connaissance, et il est aisé de les éviter en ramenant cette théorie à ses justes limites déterminées par ce principe très simple que nous avons énoncé plus haut : la connaissance est un élément personnel dont les effets doivent se borner à la personne informée.

C'est en nous inspirant de ce principe que nous dirons que la théorie de la connaissance acquise n'a qu'une portée relative et non absolue.

Conséquences :

1° Le débiteur cédé, informé d'une cession, doit se considérer comme le débiteur du cessionnaire et refuser le payement au cédant.

2° Un cessionnaire postérieur de la créance ou les créanciers du cédant, qui sont également des tiers, ne peuvent plus, dès qu'ils ont connaissance de la cession non signifiée, ni acceptée, se prévaloir de l'article 1690, soit s'il s'agit d'un cessionnaire pour réclamer la qualité de cessionnaire vis-à-vis d'un cessionnaire antérieur, soit s'il s'agit des créanciers du cédant pour saisir la créance comme appartenant au cédant.

3° En aucun cas, la connaissance du débiteur cédé ne pourra être regardée comme suffisante pour avoir investi le cessionnaire vis-à-vis des tiers.

Telle est la théorie que nous proposons et qui doit, selon nous, solutionner le problème de la connaissance.

Pour étayer la doctrine de la connaissance, on a invoqué l'article 1141 aux termes duquel « si la chose qu'on s'est obligé « à donner ou livrer à deux personnes successivement est « purement mobilière, celle des deux qui en a été mise en

« possession réelle, est préférée et en demeure propriétaire, « encore que son titre soit postérieur en date, pourvu toutefois « que sa possession soit de bonne foi », mais cet article a en vue les objets corporels susceptibles de tradition réelle et non les choses incorporelles.

On a invoqué aussi l'article 1382 (5 mars 1838 précité). Le cessionnaire qui a le premier notifié son transport, mais qui avait connaissance d'une cession antérieure à la sienne, peut être considéré comme ayant agi par imprudence et de manière à porter préjudice au cessionnaire sérieux qui l'a précédé et dans ce cas, le transport à lui fait, quoique dûment signifié, peut être annulé à titre de réparation du dommage causé au cessionnaire précédent. Mais pour donner lieu à l'application de l'article 1382, il faut une faute, c'est-à-dire un manquement à une obligation préexistante, or, on ne peut relever aucun fait de ce genre de la part du second cessionnaire qui n'a fait qu'user de son droit.

On a dit enfin : le cédant ne peut transmettre plus de droits qu'il n'en a lui-même (25 janvier 1842 précité). Cet argument ne peut être accepté ; ce n'est pas du cédant, c'est de la loi que les tiers tiennent le droit d'opposer le défaut de signification.

Voilà réfutés tous les arguments produits en faveur du système de la connaissance acquise. Devrons-nous donc, faute de justification suffisante, nous résigner à invoquer un prétendu principe supérieur d'équité qui doit faire obstacle même aux dispositions positives de la loi ? Nous n'en sommes pas encore réduits à cette extrémité.

La question doit, selon nous, être portée sur un autre terrain : toute disposition légale a un but social et économique déterminé ; celui de l'article 1690 est de publier la cession ; or, pourquoi prescrit-on la publicité ? Pour porter un fait juridique à la connaissance des tiers afin d'empêcher qu'ils ne soient trompés par la clandestinité de l'acte ; mais est-il nécessaire de prévenir ceux qui sont prévenus ? Le but de l'article 1690 est rempli dès que les tiers ont connaissance de l'acte non rendu public.

Dès lors, invoquer l'article 1690 pour annihiler les effets de la connaissance, c'est lui faire détruire des résultats que lui-même a en vue de produire et pour lesquels il a été créé. Certains auteurs parleraient ici d'abus du droit ; depuis quelques années, en effet, à l'encontre de l'antique principe du libre usage des droits, quelques jurisconsultes (1) ont une tendance à considérer l'usage d'un droit comme pouvant devenir un abus et par suite constituer une faute. Ils sont principalement amenés à cette conclusion parce qu'il leur semble impossible de tolérer l'intention de nuire ; dès lors, tout droit exercé sans intérêt réel, sans motif légitime, uniquement pour nuire à autrui, devient un délit qui engage la responsabilité de son auteur.

Il y a là une idée généreuse, mais nous croyons avec M. Planiol qu'elle est fausse. Ainsi que le dit l'éminent profes-

---

(1) Bufnoir. *Propriété et contrat*, p. 808. Sourdat. *Traité de la responsabilité*, t. i, n° 439. Larombière. *Théorie des obligations*, t. v, p. 693. Josserand. *Responsabilité du fait des choses inanimées.*

seur, « cette nouvelle doctrine repose sur un langage insuffi-
« samment étudié. Sa formule usage abusif des droits est une
« logomachie, car si j'use de mon droit, mon acte est licite et
« quand il est illicite, c'est que je dépasse mon droit et que
« j'agis sans droit *injuria*, comme disait la loi Aquilia ».

La vérité c'est que :

1° De nombreux droits ne sont pas absolus et sont soumis pour leur exercice à certaines conditions ;

2° D'autres ne sont que des moyens pour arriver à un but déterminé (1) et leur usage n'est licite qu'en vertu de leur feu.

Si l'on n'observe pas les conditions requises ; si l'on se sert d'un droit dans un but autre que celui pour lequel il a été créé, l'on reste en apparence dans les limites de son droit mais en réalité on le dépasse, l'on agit sans droit.

Revenons à notre sujet ; nous inspirant de ce que nous venons de voir, nous dirons que celui qui se croit autorisé par les termes de l'article 1690 à ignorer en droit ce qu'il connaît en fait, se sert de la signification dans un but contraire à celui prévu par le législateur ; contraire à l'esprit de la loi et par suite à la loi elle-même, il agit donc sans droit. Solution que justifient les paroles prononcées par les rédacteurs du code eux-mêmes dans leur discours préliminaire. Soucieux de l'avenir de leur œuvre et s'adressant à ceux qui devaient

(1) Par exemple : un maire a le droit de réglementer la circulation des voitures dans la cour d'une gare dans un but de police et sécurité publique, même s'il s'arrange de façon à créer un monopole au profit d'un entrepreneur de transports, son arrêté est illégal et peut être annulé.

l'interpréter, ils conseillaient aux magistrats « d'étudier l'es-« prit de la loi lorsque la lettre tue..... et de ne pas désobéir « par esprit de servitude (1) ». Comment dire plus clairement que l'esprit de la loi doit prévaloir sur la lettre du texte ?

La sanction de notre théorie est simple :

Si, agissant sans droit, un individu cause un dommage à autrui, il est tenu de le réparer, principe écrit à l'article 1382. Si le coupable est le débiteur cédé, il sera obligé de payer une seconde fois au cessionnaire ce qu'il a déjà payé au cédant sauf son recours contre ce dernier. S'il s'agit d'un créancier saisissant ou d'un second cessionnaire, la saisie-arrêt du premier sera de nul effet ; quant au second, il verra annuler le transport fait en sa faveur à titre d'indemnité du préjudice causé au cessionnaire primitif.

La question intéresse une autre catégorie de personnes.

Le cessionnaire de mauvaise foi a pu constituer des droits sur la créance à lui cédée ; quelle va être la situation faite aux tiers qui ont traité avec lui ? C'est ici que nos adversaires nous attendent ; ils supposent que nous allons appliquer la règle : *Resoluto jure dantis, resoluto jure accipientis,* ce qui nous amènerait à préférer le cessionnaire négligent à des tiers de bonne foi et diligents.

---

(1) Fenet, t. I, p. 476. — La science du législateur consiste à trouver les principes les plus favorables au bien commun, la science du magistrat est de mettre ces principes en action, de les ramifier, de les étendre par une application sage, aux hypothèses privées ; d'étudier l'esprit de la loi quand la lettre tue et de ne pas s'exposer au risque d'être tour à tour esclave et rebelle et de désobéir par esprit de servitude.

Il n'y a pas là une déduction nécessaire de notre système : un rapprochement s'impose selon nous entre le cas qui nous occupe et celui de l'héritier apparent ; on appelle ainsi la personne qui est en possession d'une succession et qui passe aux yeux de tous pour en être le véritable maître, l'analogie est frappante : le cessionnaire malhonnête est en possession de la créance et tant qu'il n'est pas poursuivi passe pour en être le véritable maître. Or, faisant bénéficier les ayant-cause de l'héritier apparent de l'antique maxime *error communis facit jus,* la jurisprudence, d'accord avec une grande partie de la doctrine, décide que la bonne foi des ayant-cause de l'héritier apparent, l'erreur invincible dans laquelle ils sont tombés, doit les protéger contre toute action. Les ayant-cause du propriétaire apparent de la créance ne sont pas moins intéressants et il n'y a aucune raison de les traiter avec plus de rigueur. Ils conserveront en vertu du même raisonnement tous les droits constitués à leur profit. Après avoir protégé le cessionnaire négligent contre son adversaire malhonnête, notre tâche nous eût paru incomplète si le cessionnaire de bonne foi et diligent ne l'avait pas emporté sur le cessionnaire négligent. Il est du reste de toute justice qu'au moins dans un cas ce dernier supporte les conséquences de son imprévoyance. Ainsi tombe l'accusation lancée contre notre théorie de violer l'équité.

Telle que nous l'avons présentée, la théorie de la connaissance soulève de graves objections. On a dit :

1° L'article 1690 a été édicté pour prévenir les intéressés, c'est incontestable, mais ce n'est pas le but unique poursuivi par lui ; il vise un résultat d'ordre plus élevé : Prévenir les procès sur le point de savoir si une personne a acquis ou non la connaissance d'une cession non notifiée ; procès très difficiles à juger et qui reposant sur une allégation de mauvaise foi, se prêtent toujours à l'emploi de la preuve testimoniale vue avec défaveur par le législateur ; or, le système de la connaissance acquise rend ces procès accessibles.

2° Les modes légaux de publicité en général et celui-ci en particulier sont d'ordre public ; dès que les formalités légales n'ont pas été remplies, tout le monde a le droit de s'en prévaloir ; chacun est censé ignorer ce qui n'a pas été publié.

3° La protection des tiers perd toute sa force et la loi toute son utilité s'il est permis d'opposer la connaissance à ceux qui se sont mis en règle avec la loi.

4° En matière de substitution, la loi a formellement et spécialement refusé la preuve contre le nouvel acquéreur de la connaissance personnelle qu'il pouvait avoir de la mutation par d'autres voies que celle de la transcription (art. 1071) ;

5° Enfin, nos anciens auteurs fondaient la solution contraire sur l'article 108 de la coutume de Paris dont l'article 1690 n'est que la transcription.

Aucun de ces arguments n'est sérieusement embarrassant pour notre théorie.

Examinons d'abord le dernier : Si Ferrière et Pothier, dont nous sommes loin de contester l'autorité, déniaient tout effet à la connaissance, d'Espeisses, Chopin et Balde soutenaient énergiquement le contraire et puis tous ces auteurs seraient-ils encore contre nous que cette unanimité ne prouverait rien, car nous avons montré que le fondement de l'article 108 de la coutume de Paris et celui de l'article 1690 sont totalement différents et que l'on doit pour solutionner le problème de la connaissance se dégager entièrement de la tradition historique (ch. 2, § I).

Passons aux autres objections et examinons d'abord la première tirée du but de l'article 1690.

Assurément la loi a eu pour but d'éviter les procès, mais nous avons vu qu'à défaut du système de la connaissance, le système proposé est celui de la fraude et nous croyons avoir suffisamment prouvé que les procès seraient bien plus nombreux et plus délicats à solutionner sur le point de savoir s'il y a fraude ou simple connaissance à cause de la difficulté qu'il y a à distinguer l'une et l'autre que sur la connaissance elle-même. Tandis que le demandeur n'engagera de procès que si la connaissance a laissé des traces palpables (par exemple une communication écrite émanée du cessionnaire ou du cédant, la présence du cédé à la cession ou encore la relation de la première cession dans le second acte), car s'il n'apporte devant le juge que sa conviction intime de la connaissance de la cession chez son adversaire, il risque fort de succomber ; la nuance presque intangible et immatérielle qui existe entre la connaissance et la fraude et qui fera la base des procès dans la théorie de la fraude, laissera toujours escompter un jugement favorable et le plaideur tentera la chance

Le rejet de la théorie de la connaissance n'aboutirait donc qu'à augmenter le nombre des procès et rendre plus délicate la mission du juge. Certes, cette théorie est loin de supprimer tous les procès ; mais le législateur lui-même ne se fait pas d'illusion sur la portée des dispositions qu'il édicte, n'ignorant pas que la mauvaise foi ou l'esprit de chicane finiront toujours par entamer la loi.

Nous arrivons à la seconde objection ; la plus grave. On nous reproche de déroger à une disposition d'ordre public ; nous allons démontrer le contraire.

Ce qui est d'ordre public quand une loi prescrit la publicité, c'est que nul ne soit admis à prétexter l'ignorance de ce qui à été publié. En notre matière, chacun doit savoir ce qui a été régulièrement notifié, il ne nous est jamais venu à l'idée de contester ce premier point ; admettre le contraire serait la faillite de tout le système de publicité organisé par le code et les lois postérieures.

Mais la réciproque est-elle vraie ? et à l'inverse de la connaissance légale qu'on lui imputait tout à l'heure, est-il d'ordre public que chacun puisse alléguer péremptoirement l'ignorance d'un transport qui n'a pas été signifié ? C'est ce que nous nions ; il n'y a nulle parité à établir entre les deux cas. Le cessionnaire qui a régulièrement signifié doit recueuillir le bénéfice de sa diligence ; est-ce à dire qu'il doit nécessairement perdre tout le fruit de sa transaction s'il ne l'a pas fait ? Cet accident peut certes lui arriver et il ne pourra s'en prendre qu'à lui même, mais y a-t-il là un résultat fatal de sa négligence ? Nous ne faisons pas journellement ce que la prudence exige de nous, nous ne supportons pas toujours pour cela les conséquences de notre imprévoyance. Qu'y a-t-il d'étonnant à ce qu'il en soit de même ici. La publicité s'adresse à tous, c'est vrai ; mais pour prévenir une minorité, un seul individu parfois qui est inconnu ; que par un heureux hasard cet inconnu soit prévenu du danger qui le menace ; que peut il réclamer de plus ? l'ordre public est satisfait, le tiers n'aurait rien su de plus s'il avait été informé officiellement.

La troisième objection devient ainsi facilement réfutable. La théorie de la connaissance acquise annihile dit-on l'article 1690 ; reproche immérité : certes elle élargit le cercle des exceptions qui peuvent être opposées au cessionnaire qui a signifié son transport mais :

1° Il reste toujours vrai que nul n'est admis à prétexter l'ignorance de ce qui a été porté à la connaissance de tous par la voie de la signification : chacun doit savoir ce qui lui a été régulièrement notifié.

2° Nous avons montré que la connaissance du transport par le débiteur susceptible de le lier vis-à-vis du cessionnaire ne peut être opposée aux tiers comme suffisante pour avoir investi le cessionnaire.

Il y a là deux prérogatives que la théorie de la connaissance laisse intactes qui font que le cessionnaire n'a une situation vraiment sûre que lorsqu'il a signifié et qui l'exposeraient à des surprises désagréables s'il se contentait de la connaissance du transport acquise par le débiteur cédé.

Reste l'objection tirée de l'article 1071 suivant lequel « le défaut de transcription ne pourra être suppléé ni regardé « comme couvert par la connaissance que les créanciers ou « les tiers acquéreurs pourraient avoir eue de la disposition « par d'autres voies que celle de la transcription. » Les auteurs qui nous l'opposent veulent en faire une disposition générale applicable à toutes les opérations juridiques dont le code a prescrit la publicité. Nous ne voyons pas ce qui autorise une pareille interprétation.

Sans doute l'article 1071 est conçu en termes assez larges pour qu'on puisse l'étendre à tous les cas où la transcription est requise et nous ne contestons pas ce point, mais c'est là selon nous toute la portée qu'on doit lui attribuer. S'il en était autrement, si le législateur avait voulu élever cette disposition à la hauteur d'un principe, on ne voit pas pourquoi il l'aurait placée au titre spécial des substitutions. En outre, cette interprétation est en opposition avec l'origine historique; l'article 1071 n'est en effet que la reproduction d'une disposition de l'ancien droit spéciale aux substitutions : l'article 33 titre 2 d'une ordonnance d'août 1747 aux termes de laquelle « le défaut de publicité et d'enregistrement ne pourra être « suppléé ni regardé comme couvert par la connaissance que « les créanciers ou les tiers acquéreurs pourraient avoir eue « de la substitution par d'autres voies que celle de la publicité « et de l'enregistrement. »

Qu'il nous soit permis pour terminer et pour notre justification de citer l'avis de M. Charles Brocher professeur de droit civil à l'Académie de Genève en matière d'interprétation des lois (1) : « Les sentiments de pénible répulsion que nous « éprouvons lorsque nous voyons les formules du droit froisser « l'équité, il est probable que le législateur les eut éprouvés « lui-même, si la question spéciale qui nous préoccupe se fut « présentée à son esprit. Le législateur participe à notre nature « intellectuelle et morale ; il est donc probable que les rigueurs « manifestes qui nous répugnent n'étaient pas dans son « intention, et qu'en cherchant bien, nous finirons par trouver « dans la loi même sainement interprétée les moyens d'éviter « ces résultats que repousse notre conscience : *Benignius « leges interpretandæ sunt, que voluntas earum conservetur* (2).

« Il est certain qu'entre deux interprétations paraissant « également conformes à la loi, celle qui est équitable doit « être préférée à celle qui ne l'est pas parce qu'il est très pro- « bable que c'est la première et non la seconde qui est conforme « à l'intention du législateur.

« L'histoire de la jurisprudence qui s'est formée depuis la « promulgation du code civil suffirait au besoin pour démon- « trer que les sentiments d'équité ont souvent servi d'éclai- « reurs avancés pour conduire à la découverte du vrai sens « de la loi. Il serait facile de citer bien des exemples de « conquêtes ainsi faites par l'action de ces sentiments... « Ce sont de véritables conquêtes, car il n'y a rien qui inspire

(1) *Etude sur les principes généraux de l'interprétation des lois et spécialement du code civil français*, p. 233-235.

(2) Loi 13. D. De legib.

« des sentiments plus pénibles, qui jette plus d'insécurité « dans l'esprit et qui donne une plus décourageante idée de « la faiblesse humaine que de voir la loi, ce qu'il y a de plus « respectable après les dogmes de la religion et les préceptes « de la morale, conduire à des résultats que la conscience ne « peut ratifier et dont l'immoralité s'empare pour en béné- « ficier. »

Cette page ne semble-t-elle pas avoir été écrite spécialement pour notre sujet ? Comment aurions-nous pu exprimer de façon plus saisissante notre pensée sur les conséquences néfastes d'une interprétation qui sous un prétexte imaginaire d'ordre public blesse le bon sens populaire et force les magistrats à rendre des décisions injustes bien faites pour discréditer nos tribunaux auprès de la masse du peuple.

Il est heureux que ces tribunaux en contact plus intime avec les nécessités pratiques aient été inspirés par d'autres idées et n'aient pas hésité, sacrifiant la lettre du texte à l'esprit de la loi à mettre cette dernière d'accord avec l'équité.

CONCLUSION

La théorie de la connaissance doit être admise. Certes juridiquement la théorie de la fraude se soutient tout aussi bien, mais la première se recommande par des avantages pratiques si considérables que nous n'hésiterons pas à lui donner la préférence sur sa rivale.

1° Tandis que dans la théorie de la fraude, la solution favorable ou défavorable d'un procès repose sur une nuance presque intangible entre la simple connaissance et la fraude, si subtile que nous avons dû renoncer à établir un criterium entre l'une et l'autre, ce qui donne libre cours à l'esprit de chicane ; la théorie de la connaissance pose nettement la question de savoir s'il y a connaissance ou non que des faits matériels se chargent le plus souvent de résoudre.

Conséquence : moins d'incertitude dans l'issue des procès, et, par suite, moins de procès.

2° Nous avons montré, en réfutant les arguments de nos adversaires, que la théorie de la connaissance est plus équitable ; elle préfère à l'intéressé diligent, mais de mauvaise foi, le tiers de bonne foi, mais négligent. Peut-être objectera-t-on qu'il y a là une prime à la négligence, mais ne vaut-il pas mieux primer la négligence que la mauvaise foi ?

3° Nous avons vu comment la présomption qui répute inconnue et non avenue la cession qui n'a été ni signifiée, ni acceptée, est le plus souvent démentie par les faits — la théorie de la connaissance met le droit d'accord avec les faits ; elle est un heureux paillatif à la rigueur d'une disposition mal élaborée.

Le système de la connaissance acquise est-il satisfaisant ?

L'on doit s'en contenter en l'état actuel des textes ; seulement, quelque correctif qu'on puisse lui apporter, la disposition de l'article 1690 reste toujours debout et doit être appliquée dans les cas où la publicité a eu lieu régulièrement.

Or, ainsi que nous l'avons vu dans l'origine historique, la signification est une institution destinée à Rome à atténuer les inconvénients du principe de l'intransmissibilité des créances ; ce principe a disparu dans notre droit coutumier où la signification est cependant conservée et sert de tradition aux choses incorporelles. Le code civil la maintient par erreur puisque la tradition n'y existe plus, et, comme il faut lui donner une utilité, il en fait un instrument de publicité.

Ingénieuse trouvaille, mais pas exempte d'inconvénients ; car, très bien imaginée pour son rôle initial, la signification ne remplit qu'imparfaitement celui que lui assigne le code civil. Certes, la publicité est complète au regard du débiteur cédé, mais vis-à-vis des autres tiers, ce n'est qu'une mesure indirecte ; la cession semble même rester clandestine à leur égard. Pour qu'elle soit efficace, il faut supposer : 1° que les intéressés auront la prudence de s'enquérir auprès du débiteur dont le consentement ou l'information peuvent seuls transmettre la créance, du changement intervenu dans la propriété de la créance ; 2° que le débiteur sera sincère ; mais il peut mentir ou mettre de la mauvaise volonté à répondre. Qu'arrivera-t-il alors ?

Dans les deux hypothèses de mensonge et silence du débiteur, tantôt le cédant, tantôt le cessionnaire, quelquefois même tous les deux en même temps éprouveront un préjudice ; il est facile de s'en rendre compte.

Le débiteur est-il responsable du préjudice causé. En d'autres termes, est-il en faute ?

L'on peut soutenir la négative :

La faute est un manquement à une obligation préexistante, le débiteur est-il obligé de prévenir tous ceux qui viennent le trouver ? Aucun texte ne lui impose directement cette charge.

Nous opterons cependant pour la solution contraire.

En premier lieu, il serait désastreux pour les besoins du crédit d'exonérer le débiteur de toute responsabilité.

En outre, par l'article 1690, le législateur a fait, en quelque sorte, du débiteur, le centre de la publicité. Il joue pour les créances le rôle rempli par les registres hypothécaires pour les transmissions d'immeubles, or, nul n'a jamais songé à contester la responsabilité du conservateur des hypothèques au cas de fausse déclaration ou de refus de communication d'un registre Nous estimons qu'il y a une certaine analogie entre les deux cas. Il est étonnant que, nulle part, on ne trouve traitée cette question qui a certainement du déjà se présenter en pratique.

La signification est donc un instrument défectueux, mal adapté à un rôle pour lequel il n'a pas été créé. Aussi, une réforme législative s'impose.

On peut la concevoir en deux sens :

1° On peut imaginer un système de publicité, renforcé et direct, au moyen d'un registre tenu au greffe du tribunal du domicile du créancier, analogue à nos registres hypothécaires.

On peut, en second lieu, supprimer purement et simplement l'article 1690 et décider que la cession a effet contre les tiers, du jour où sa date est certaine.

De ces deux systèmes, quelques pays ont adopté, sauf quelques détails, le premier.

Code russe, article 2059 : Le transfert s'opère au moyen d'une annotation inscrite sur le titre même par le créancier ou son mandataire et présentée par lui à l'Enregistrement dans les sept jours, s'il habite la ville, et dans le mois, s'il habite le district.

Etat de Victoria : Une loi de février 1896, décide qu'aucune cession ne sera valable si elle n'a été préalablement enregistrée par le registrar général. Une copie sera affichée au bureau de ce dernier (article 3). Une notification préalable en sera donnée et affichée quinze jours à l'avance (article 4). Ces notifications seront portées sur un livre ouvert au public (article 5). Tous créanciers du futur cédant peuvent, jusque l'enregistrement, former opposition (article 6). L'opposition sera notifiée aux futurs cédant et cessionnaire (article 7), qui pourront assigner l'opposant devant un juge de Comté, à Melbourne (article 8). S'il apparaît au juge que l'opposant est créancier du futur cédant, il peut ordonner que la cession ne sera enregistrée que lorsque la créance de l'opposant aura reçu payement.

Système où l'enregistrement joue le rôle rempli en France par le débiteur, mais qui se recommande par une autre particularité : Non content de prévenir les tiers du transport de la créance, il avertit en outre les créanciers du cédant qu'un élément actif va sortir du patrimoine de leur débiteur et leur donne un délai de quinzaine pour s'y opposer. Mesure préventive que nous tenons à signaler, car elle ne se retrouve nulle part ailleurs dans les législations étrangères.

En Belgique, on a cherché à organiser un véritable système de publicité par voie de transcription.

La loi belge, du 16 décembre 1851, exige la publicité pour les cessions de créances hypothécaires ; mais, quand Laurent a voulu généraliser ce système dans son avant-projet de révision du code civil, il s'est heurté à des difficultés insurmontables lorsqu'il s'est agi de déterminer l'endroit où se ferait la publicité.

La plupart des codes récents se sont prononcés en faveur du second système.

Le transport n'y est plus soumis à aucune formalité vis-à-vis des tiers.

Ce système présente dans toutes les législations qui l'ont adopté un caractère général : Tandis que la cession est parfaite à l'égard des tiers par la seule convention, elle ne devient opposable au débiteur que lorsqu'il en a connaissance.

C'est ce que décide le code civil portugais :

ARTICLE 789. — A l'égard du cédant, le droit cédé passe au cessionnaire par le fait même du contrat, mais au respect du débiteur ou des tiers, la cession ne peut produire son effet qu'à dater du jour de sa notification au débiteur, ou du jour où il en a eu connaissance par tout autre moyen, pourvu que ce soit d'une manière authentique. Conséquence de ce principe, l'article 791 dispose : « Tant que la cession n'a pas été signifiée au débiteur ou qu'il n'en a pas eu connaissance, il peut se libérer en payant le cédant qui, de son côté, peut exercer tous ses droits contre lui ».

A remarquer que le code portugais est le seul qui exige la connaissance authentique; dans les autres législations, cette connaissance peut être prouvée par tous les moyens légaux.

En ce sens, le code civil espagnol, article 1526 : « La cession d'un crédit, droit ou action, n'aura d'effet contre les tiers que du jour où sa date doit être considérée comme certaine », et 1527 : « Le débiteur qui, avant de connaître la cession s'acquitte envers le créancier, est libéré de toute obligation ».

En Autriche, la cession crée un lien de droit entre le cédant et le cessionnaire, mais non entre le cessionnaire et le débiteur. Le débiteur se libère valablement par payement ou autrement entre les mains du créancier primitif, article 1395. Il n'a plus cette faculté une fois qu'il a été informé de la cession.

Ces deux législations se contentent d'énoncer le principe et l'exception laissant à l'interprète le soin de tirer des déductions.

Le code fédéral suisse des obligations est plus complet. Il pose le principe à l'article 186. « S'il a été fait plusieurs ces-
« sions d'une même créance, la créance constatée par le titre
« le plus ancien l'emporte sur les autres » et l'exception à l'article 187, « le débiteur est valablement libéré si, avant que
« la cession ait été portée à sa connaissance par le cédant ou
« le cessionnaire, il paye de bonne foi entre les mains du
« créancier primitif ou, en cas de cessions multiples entre
« les mains d'un cessionnaire auquel un autre a le droit d'être
« préféré. » Conséquence directe de cette exception, l'article 189 décide que « le débiteur peut opposer au cessionnaire.... les
« exceptions qui lui compétaient au moment où il a eu
« connaissance de la cession. »

Puis le code fédéral nous cite des exemples où le débiteur serait forcément de mauvaise foi :

1° Au cas où il aurait connaissance d'un procès pendant relatif soit à la validité de la cession, soit à la propriété de la créance cédée.

L'article 188 nous dit : « Le débiteur d'une créance dont la
« propriété est litigieuse peut en refuser le payement et se

« libérer par la consignation du montant en justice. S'il paye, « bien qu'ayant connaissance du litige, il le fait à ses risques « et périls. S'il y a procès pendant et que la créance soit « échue, chacune des parties peut contraindre le débiteur à « consigner la somme due. »

2° L'article 196 nous enseigne d'autre part que la créance frappée de saisie ne peut plus être valablement cédée à partir du moment où le créancier a eu connaissance de la saisie (1).

Nous arrivons maintenant au code civil allemand.

Il présente à cet égard un véritable luxe de formalités aux articles 398 et suivants.

Article 398. « Une créanee peut être transférée par le créan- « cier à une autre personne par contrat passé avec celle-ci par « la conclusion [du contrat. Le nouveau créancier entre en « lieu et place du précédent créancier ». Le code ne revient sur la question qu'à l'article 407 où est donnée indirectement l'exception de connaissance en faveur du débiteur. « Le « nouveau créancier doit nécessairement accepter de subir à « son encontre l'effet d'une prestation que le débiteur, après « la cession, anrait effectuée au profit du créancier précédent « comme de tout acte juridique qui, après la cession, eût été « accompli entre le débiteur et le précédent créancier au sujet « de la créance, à moins que le débiteur eût connu la cession. » On peut poser en règle, d'après cet article, qu'à l'égard du

---

(1) Rossel. *Code fédéral des obligations*, n° 236 et suivants.

débiteur, la cession n'est parfaite qu'au moment où lui-même en a eu connaissance.

Dans un pareil état de droit, le meilleur moyen pour le cessionnaire d'avoir un droit sûr est de donner avis au débiteur du transport fait en sa faveur. L'article 409 traite des effets de cet avis. « Si le créancier donne avis au débiteur qu'il a cédé « la créance, il doit nécessairement accepter de subir à son « encontre et par rapport au débiteur l'effet de la cession dont « il lui a donné avis, alors même que cette cession ne serait « pas réalisée ou qu'elle serait inefficace. A l'avis du débi- « teur, il faut assimiler le fait que le créancier ait dressé au « profit du nouveau créancier ainsi désigné un titre relatif à « la cession et que ce dernier le produise au débiteur. L'avis « une fois donné ne peut être retiré que par l'assentiment de « celui qui a été désigné comme étant le nouveau créancier. »

L'avis au débiteur peut donc se présenter sous deux aspects :

1er Procédé. — Le cédant avertira directement le débiteur de la cession intervenue.

2e Procédé. — Il peut lui adresser cette notification par l'intermédiaire du cessionnaire et pour cela il suffit qu'il remette au cessionnaire un titre de cession destiné à être produit au débiteur.

Un premier effet est la preuve légale de la connaissance du débiteur ; ce n'est pas tout : l'article 409 vise un autre but ; après avoir protégé le débiteur par rapport au cessionnaire, il fallait le garantir contre le cédant lui-même. Il peut arriver que la cession soit nulle ou annulée et dans ce cas, si l'on eût appliqué les principes rigoureusement, il en fut résulté que les actes passés par le débiteur avec celui désigné comme le cessionnaire, eussent été nuls et non recevables à l'égard du cédant. Il y avait donc lieu de se demander à quelles conditions ces actes seraient opposables au cédant. C'est alors qu'apparaît le rôle de la notification ; elle constitue un titre de légitimation de la qualité de cessionnaire, titre émanant du cédant et qui, par suite, lui est opposable.

Remarquons d'autre part que le débiteur poursuivi par un tiers qui se prétend cessionnaire, a toujours le droit d'exiger de lui la preuve de son titre, autrement dit le titre de légitimation qui sera la production du titre de cession.

Par ce titre, le cédant est considéré comme ayant donné ordre au débiteur de considérer le cessionnaire comme son véritable ayant droit.

De toutes les législations que nous venons de passer en revue, il ressort qu'un droit commun international tend à se faire jour sur le transfert des créances. Système dont voici la formule :

La cession est parfaite par le seul consentement, exceptionnellement elle ne devient opposable au débiteur que lorsqu'il en a eu connaissance.

Restriction nécessaire, inhérente au contrat de cession où les intéressés principaux sont au nombre de trois : le cédant, le cessionnaire et le débiteur et qui ne nécessite pour sa conclusion que le concours des volontés des deux premiers.

Cette quasi-unanimité des législations nouvelles est instructive. Peut être est-ce l'espoir d'amener un mouvement identique en France qui a conduit la cour de Cassation à admettre la théorie de la connaissance acquise. Ce qui vient nous confirmer dans cette idée, c'est la tendance de la cour suprême à choisir dans toutes les hypothèses qui se présentent devant elle, entre deux sens possibles, celui qui réduit le plus la portée de l'article 1690.

Cette tendance s'est manifestée dans plusieurs sens :

1° Nous avons vu une jurisprudence constante décider que l'acceptation sous-seing privé est suffisante pour lier le cédé personnellement ; cette jurisprudence a été étendue de façon générale à toute acceptation verbale et même tacite.

2° En second lieu un arrêt du tribunal de la Seine du 10 février 1908 (1) a jugé que l'article 1690 ne prescrivant aucune forme pour la signification, celle-ci peut résulter de tout acte qui instruit le débiteur d'une manière certaine de la transmission de la créance, M. Demogue à qui nous empruntons cet exemple remarque qu'il n'est pas isolé. Le 20 mars 1888 (2), la cour de Toulouse avait déjà jugé qu'un protêt suivi de dénonciation et de citation était suffisant pour signifier la cession. Et la même tendance s'était manifestée dans un arrêt d'Orléans du 4 décembre 1886 (précité).

Il conclue en constatant qu'il y a là « un ensemble de déci-

(1) Gazette du Palais 1908-1-225.
(2) Gazette du Palais 1888-2-277.

« sions qui limitent la portée de l'article 1690 et que l'on peut « rapprocher de la célèbre jurisprudence sur les effets de la « cession simplement connue en fait du débiteur » (1).

3° Nous signalerons dans le même sens l'introduction de l'ordre dans les créances civiles.

Si les parties traitant en matière civile ont donné à leur convention la forme à ordre qui la rend susceptible d'une cession par endossement; pourquoi cette convention ne s'exécuterait-elle pas ? La jurisprudence s'est longtemps prononcée en sens contraire ; mais elle admet pleinement aujourd'hui la validité de cette convention (V. plus haut arrêt de 1878 et note de M. Beudant).

4° M. Demogue (2) relève la tendance de la jurisprudence à écarter l'application de l'article 1690 lorsqu'une société dissoute cède son patrimoine à une autre pour les créances qui peuvent ainsi passer à la nouvelle société. Cette solution donnée dans un arrêt de la cour de Bordeaux (3) était plus généralement rejetée. Elle l'avait été notamment par la chambre des Requêtes. (4)

Cependant tout récemment (5), la cour de Paris a jugé que la Compagnie cessionnaire pour poursuivre les débiteurs de

---

(1) Revue trim. de droit civil. Année 1908, pages 364 et 365.
(2) Revue trimestrielle de droit civil 1908.
(3) 15 Août 1868. D. 69. 2. 111.
(4) 28 Avril 1869. D. 69. 1. 145.
(5) 15 Décembre 1906. D 1908. 2. 321.

l'ancienne société n'avait pas au préalable à remplir les formalités de l'article 1690.

Voici l'espèce dans laquelle cet arrêt a été rendu.

La société des usines hydrauliques des Hautes-Pyrénées avait été substituée activement et passivement à la société des usines électro-métallurgiques de Villelongue qui lui avait fait apport de tout son patrimoine.

Comme cessionnaire de cet actif, elle actionne le sieur Orfila, Président du Conseil d'Administration de la société de Villelongue à l'effet d'obtenir de lui le payement d'une somme d'argent parce que disait la société poursuivante il avait perçu le montant d'un compte exagéré.

Le sieur Orfila répond que l'article 1690 n'a pas été observé et que la cession ne lui est pas opposable. Cette fin de non recevoir est rejetée par la cour parce que dit l'arrêt « la substitu-
« tion d'une société à une autre ne constitue qu'une simple
« transmission de droits généralement quelconques sans garan-
« tie d'aucune sorte et qu'ainsi elle ne se trouve pas assujettie
« à la signification au débiteur cédé. » En d'autres termes, il n'y a pas cession à proprement parler, mais liquidation par l'effet de laquelle une nouvelle société est substituée à l'ancienne et cette substitution n'est soumise à aucune autre formalité que la publicité.

M. Levillain (note sous cet arrêt) critique cette manière de voir.

Selon lui au cas d'apport à une société, deux questions différentes se posent :

1° L'apport d'une créance même prise isolément doit-il pour devenir opposable aux tiers satisfaire aux mêmes conditions qu'une cession transport ? La presque unanimité des auteurs et la jurisprudence répondent affirmativement (1) on invoque en sens contraire la place de l'article 1690 au titre de la vente et la qualification spéciale de cession qui est donnée à l'opération (2).

2° Il s'agit de savoir si quand il y a vente par la société cédante de son actif à la société cessionnaire, il est nécessaire de se conformer aux prescriptions de l'article 1690 pour que les créances comprises dans le patrimoine de la société soient acquises à la société nouvelle.

Des arrêts ont été rendus en sens divers sur cette question, les auteurs eux aussi sont en désaccord mais il est à remarquer que ceux qui se prononcent contre l'article 1690, négligent d'en donner la raison. Les arrêts sont plus explicites ; l'idée générale qui s'en dégage, c'est que lorsqu'une société en remplace une autre, il n'y a pas cession, mais liquidation par l'effet de laquelle une nouvelle société est substituée à l'ancienne et dès lors, les formes de la cession sont inutiles (3).

Au contraire, la Cour de Paris, 20 mars 1868 et la Chambre des Requêtes, 28 avril 1869 (précités) parlent d'un point de

---

(1) Paris 20 mars 68 et Req. 28 avril 69 D 69-1-445. Paris 18 Décembre 84 D 86-2-15. Civ. 24 décembre 94 D 95-1-206. Aubry et Rau Tome iv. § 378 texte et note 11. Pont. Des sociétés, Tome i, n° 259. Huc. Tome i, n° 282.

(2) Guillouart. Tome ii, n° 725. Laurent. Tome xxvi, n° 245.

(3) Bordeaux 15 avril 1868. Paris 15 décembre 1906, précités.

départ diamétralement opposé. Après avoir établi que l'apport d'une créance à une société rentre en général dans la sphère de l'application de l'article 1690, voici comment elle s'exprime : « Il importe peu que dans l'espèce X... ait apporté dans la « Société tout son actif commercial et par conséquent une « universalité de droits ; les créances et les droits particuliers « compris dans cette universalité n'en restant pas moins « sous l'empire des dispositions qui régissent le transport « dont chacun de ces droits et de ces créances a été l'objet ».

M. Levillain se rallie à cette opinion. « Un patrimoine social « n'a pas au point de vue juridique une individualité propre, « une existence indépendante de ses éléments constitutifs. « Donc en réalité, il y a translation à la Société survivante de « chacun de ces derniers et chaque translation n'a d'effet que « si elle est régulière ».

5° Enfin, encouragée par la doctrine, la pratique moderne a imaginé pour transférer une créance un procédé autre que la cession et qui tend à devenir très fréquent.

Supposons *primus creancier de secundus et secundus creancier de tertius*. Pour simplifier la situation, les parties peuvent charger *tertius* de payer à *primus*. Ce but sera atteint directement par la cession de créances. *Secundus* cédera à *primus* sa créance contre *tertius*.

Mais cette opération pourra être réalisée par un autre moyen : la stipulation pour autrui, *secundus* stipulera de *tertius* au profit de *primus*. Le résultat est absolument le même, la créance passe avec toutes ses sûretés à *primus*, car si une nouvelle obligation est créée, l'on n'en éteint aucune, et ce dernier point distingue ce procédé de la novation. Or, la stipulation pour autrui est parfaite sans nécessiter l'emploi d'aucune formalité.

Ainsi 1° Il existe toute une catégorie de créances dont le transfert échappe à l'article 1690 ; celles qui font partie de l'actif d'une Société dissoute qui cède son patrimoine en bloc à une autre ;

2° Il est toujours possible d'éviter de se soumettre à l'article 1690. L'on a pour cela deux procédés :

1) La stipulation pour autrui.

2) Le titre à ordre.

3) Enfin les titres au porteur et nominatifs échappent à la règle commune.

Peut-on encore dire, après toutes ces dérogations, qu'il existe un principe d'ordre public en vertu duquel les créances ne sont transmises au regard des tiers que par la signification au débiteur ou son acceptation dans un acte authentique ? Il faudrait, pour affirmer ce principe, refuser de se rendre à l'évidence.

Certes le principe est écrit et il est exprimé de façon si impérative qu'on pourrait croire qu'il ne souffre aucune dérogation ; mais en réalité, en face de formes plus nouvelles et plus souples, la significotion a peu à peu perdu son empire et aujourd'hui elle n'est plus qu'un mode de transfert de créances en concurrence avec tous les autres.

Aussi nous concluons uue seconde fois qu'une réforme législative s'impose soit pour mettre d'accord le texte de la loi avec la portée qu'elle a actuellement, soit comme l'ont fait les codes récents pour supprimer purement et simplement la nécessité de la signification.

TABLE

Introduction

Préliminaires

CHAPITRE 1er

Mécanisme de la cession de créance

§ 1er. — Relations des Parties entre elles.

§ 2me. — Relations des Parties avec les tiers.

§ 2me. — **Dans la Doctrine.**

Trois Systèmes

SECTION I. — APPLICATION INTÉGRALE DE L'ARTICLE 1690

SECTION II. — SYSTÈME DE LA FRAUDE

SECTION III. — SYSTÈME QUI DIVISE LES TIERS EN DEUX CATÉGORIES

Pages

§ 3me. — Dans la Jurisprudence.

SECTION I. — LA CONNAISSANCE DU DÉBITEUR CÉDÉ

SECTION II. — LA CONNAISSANCE DES TIERS AUTRES QUE LE CÉDÉ LES EMPÊCHE-T-ELLE DE SE PRÉVALOIR DU DÉFAUT DE SIGNIFICATION ?

Pages

Conclusion

DROIT COMPARÉ

ARRAS. — IMP. RÉPESSÉ, CASSEL ET Cie

www.ingramcontent.com/pod-product-compliance
Ingram Content Group UK Ltd.
Pitfield, Milton Keynes, MK11 3LW, UK
UKHW020226220726
13923UKWH00002B/546